D1882871

गणित सबके लिए

अंकगणित

गणित सबके लिए

अंकगणित

अनुराधा के. रामचन्द्रन
वागोवस्की

अरुणोदय प्रकाशन

ISBN : 978-81-88715-14-5

अरुणोदय प्रकाशन

4695, 21-ए, दरियागंज, नयी दिल्ली-110002
द्वारा प्रकाशित

प्रथम संस्करण : 2003
आवृत्ति 2019

मूल्य : ₹ 150.00

हर्ष प्रिंटर्स, दिल्ली-110 093
द्वारा मुद्रित

अरुणोदय प्रकाशन, वाणी प्रकाशन की सहयोगी संस्था

भूमिका

गणित सबके लिए योजना के अंतर्गत चार पुस्तकें तैयार की गयी है। अंकगणित, बीजगणित ज्यामिति व त्रिकोणमिति।

ये पुस्तकें दो उद्देश्यों को ध्यान में रखकर तैयार की गयी है। पहला स्पर्शज्या क्या है, प्रतिशत कैसे निकालते हैं। वर्ग समीकरण का मूल ज्ञात करने के लिए कौन-से सूत्र हैं आदि सूचनाएं इसमें जल्द से जल्द मिल सकती हैं। सभी के साथ उदाहरण भी दिये गये हैं। साथ ही किन-किन परिस्थितियों में कौन सा नियम लागू होगा यह बतायां गया है। दूसरा उद्देश्य यह भी रहा है कि पुस्तक सरल रूप में पाठकों को उपलब्ध हो जाये। गणित को एक दुसाध्य विषय माना जाता है। परन्तु यदि इसे पढ़ने की प्रक्रिया क्या है साथ ही पुस्तक की शैली क्या हो, यदि लेखक और पाठक ध्यान में रखें तो विषय बेहद सरल है, सुगम्य है।

स्कूली पाठ्य पुस्तक में, विशेषकर यदि वह उच्च कक्षाओं के लिए लिखी गयी है, मुख्य भूमिका विवेचना की होती है, तथ्यपरक सामग्री तर्क के बोझ से दबी रहती है। कम से कम विद्यार्थियों को ऐसा ही लगता है, प्रस्तुत पुस्तक में तथ्यपरक सामग्री की भूमिका मुख्य है। इसका मतलब यह नहीं है कि इसमें विवेचना का तर्क है ही नहीं। कहीं कहीं सूत्र की स्थापना का तार्किक आधार भी दर्शाया गया है, पर यह सिर्फ विशेष परिस्थितियों में।

पुस्तक के हर भाग में ऐतिहासिक सर्वेक्षण भी दिये गये हैं इन्हें ध्यानपूर्वक पढ़ लेना अत्यंत लाभदायक है ये पुस्तक के आवश्यक अंग हैं, इन्हें आत्मसात पर ही पुस्तकें आगे पढ़ी जायें तो बेहतर होगा।

इन पुस्तकों को पढ़ते समय कई पाठक उदाहरणों पर विशेष ध्यान देंगे तो निश्चय ही गणित जैसे विषय को रुचिकर बल्कि पहेलियों जैसा सरस पायेंगे। गणित को समझने के लिए पुस्तक में गणित प्रतीक उनकी प्रणाली, लिपि आदि

भी दिये गये हैं गणित के पठन पाठन के लिए भारतीय टिप्पणीयों के साथ-साथ यूरोपिय प्राचीन और नवीन परंपराओं का वर्णन भी कोष्ठकों में किया गया है। पाठक उनको ध्यान देकर पढ़ें।

इस पुस्तक के अनेको संस्मरण प्रकाशित हुए हैं यह इस पुस्तक की सफलता का प्रतीक है।

बागोदस्की

अनुराधा के. रामचन्द्रन

गणितीय प्रतीक

प्रतीक	अर्थ	उदाहरण	पढ़ें
$+$	जोड़	$a+b$	ए प्लस बी
$-$	घटाव	$a-b$	ए माइनस बी
$\times$,	गुणा	$a \times b, a.b$	ए गुणा बी
$\div$	भाग	$a \div b$	ए भागा बी
$=$	बराबर	$a = b$	ए बराबर बी
$\neq$	नहीं बराबर	$a \neq b$	ए नहीं बराबर बी
$\approx$	लगभग	$a \approx b$	ए लगभग बी
$>$	बड़ा, अधिक	$a > b$	ए अधिक बी (से)
$<$	छोटा, कम	$a = b$	ए कम बी (से)
$\geqslant$	—	$a \geqslant$	ए बड़ा या बराबर बी
$\vert\ \vert$	परम या निरपेक्ष मान	$\vert a \vert$	परम ए (ए का परममान)
a^n	घात	$a^n = c$	ए पर एन बराबर सी
$:$	व्यतिमान	$a : b$	ए के प्रति बी, एक प्रति बी,
$\sqrt[3]{\ }$	n-वां मूल	$\sqrt[3]{8} = 2$	आठ का तीसरा मूल (घनमूल) बराबर दो
$!$	क्रम गुणन	$n!$	एन गुणाल
log	लगरथ	$\log_a b = c$	ए-भू का लौग बी, बराबर सी
lg	$\log_{10}$	$\lg 100 = 2$	दश-भू का लौग सौ बराबर दो
ln	$\log_e$		ई-भू का लौग...
lim	सीमा		सीमा, लिमिट
Σ	संकलन, कुल योग		सिग्मा, संकल
Δ	त्रिभुज	ΔABC	त्रिभुज ए बी सी
$\angle$	कोण	$\angle ABC$	कोण ए बी सी
$\wedge$	चाप	$\widehat{AB}$	चाप *AB*
$\parallel$	समान्तर	$l \parallel m$	एल समांतर एम
$\perp$	बड़ा, अधिक	$l \perp m$	एल लंब एम (पर)

प्रतीक	*अर्थ*	*उदाहरण*	*पढ़ें*
~	समरूप	$\Delta ABC \sim \Delta DEF$	ΔABC समरूप ΔDEF (के)
π	वृत की परिधि और उसके व्यास का व्यतिमान		पाइ
°	डिग्री	10°	दस डिग्री
′	मिनट	30′	तीस मिनट
″	सेकेंड	35″	पैंतीस सेकेंड
∞	अनंत		
sin	दे. पृ. 401	sin 30° = ½	साइन तीस डिग्री बराबर आधा
cos		$\cos\frac{\pi}{2}$	कौस पाइ बटा दो
tan			टैन
cot			कौट
sec			सेक
cosec			कौसेक
arcsin		arcsin x	आर्कसाइन x
arccos	दे. पृ. 417		आर्ककौस
arctan			आर्कटैन
arccot			आर्ककौट
arcsec			आर्कसेक
arccosec			आर्ककोसेक
$y = f(x)$			वाई बराबर फलन x

माप की मैट्रिक प्रणाली

लंबाई की माप

1 किलोमीटर (km) = 1000 मीटर (m)

1 मीटर (m) = 10 डेसीमीटर (dm) = 100 सेंटीमीटर (cm)

1 डेसीमीटर (dm) = 10 सेंटीमीटर (cm)

1 सेंटीमीटर (cm) = 10 मिलिमीटर (mm)

क्षेत्रफल की माप

1 वर्ग किलोमीटर (km^2) = 1000000 वर्ग मीटर (m^2)

1 वर्ग मीटर (m^2) = 100 वर्ग डेसीमीटर (dm^2) = 10000 वर्ग सेंटीमीटर (cm^2)

1 हेक्टर (ha) = 100 आर (a) = 10000 वर्ग मीटर (m^2)

1 आर (a) = 100 वर्ग मीटर (m^2)

व्योम की माप

1 घन मीटर (m^3) = 1000 घन डेसीमीटर (dm^3) = 1000000 घन सेंटीमीटर (cm^3)

1 घन डेसीमीटर (dm^3) = 1000 घन सेंटीमीटर (cm^3)

1 लीटर (1) = 1 घन डेसीमीटर (dm^3)

1 हेक्टोलीटर (hl) = 100 लीटर (1)

भार की माप

1 टन (ton) = 1000 किलोग्राम (kg)

1 सेंटनर = 100 किलोग्राम (kg)

1 किलोग्राम (kg) = 1000 ग्राम (g)

1 ग्राम (g) = 1000 मिलिग्राम (mg)

सोवियत मुद्रा

100 कोपेक = 1 रूबल

लातीनी वर्णमाला

छपाई में	लिखावट में	नाम
A a	*A a*	ए
B a	*B b*	बी
C a	*C c*	सी
D a	*D d*	डी
E a	*E e*	ई
F a	*F f*	एफ
G a	*G g*	जी
H a	*H h*	एच

छपाई में	लिखावट में	नाम
I a	*Ii*	आई
J a	*Jj*	जे
K a	*Kk*	के
L a	*Ll*	एल
M a	*Mm*	एम
N n	*Nn*	एन
O n	*Oo*	ओ
P n	*Pp*	पी
Q n	*Qq*	क्यू

छपाई में	लिखावट में	नाम
R n	*Rr*	आर
S n	*Ss*	एस
T n	*Tt*	टी
U n	*Uu*	यू
V n	*Vv*	वी
W n	*Ww*	डब्ल्यू
X n	*Xx*	एक्स
Y n	*Yy*	वाई
Z n	*Zz*	जेड

ग्रीक वर्णमाला

Α α अल्फा
Β β बीटा
Γ γ गामा
Δ δ डेल्टा (देल्ता)
Ε ε एप्सीलोन
Ζ ζ जेटा (जेता)
Η η एटा (एता)
Θ θ' θ थीटा (थेता)
Ι ι इयोटा (इयोता)
Κ κ कप्पा
Λ λ लैम्डा (लांब्दा)
Μ μ म्यू
Ν ν न्यू
Ξ ξ क्सी
Ο ο ओमीक्रोन
Π π पाइ (पी)
Ρ ρ रो
Σ σ सिग्मा
Τ τ ताउ
Φ φ फी
Χ χ ही
Υ υ उप्सीलोन
Ψ ψ प्सी
Ω ω ओमेगा

विषय-सूची

अंकगणित

अंकगणित का विषय

अंकगणित [अंकों की सहायता से गणन की कला] संख्याओं का विज्ञान है। यूरोपीय भाषाओं में इसके समानार्थी शब्दों का उद्भव यवन arithmos से हुआ है, जिसका अर्थ संख्या ही है। [भारत में इसे व्यक्तगणित (व्यक्त या ज्ञात राशियों द्वारा गणन की कला) भी कहा गया है।]

अंकगणित संख्याओं के सरलतम गुणों का और कलन के नियमों का अध्ययन करता है। संख्याओं के अधिक गंभीर गुणों का अध्ययन **संख्या-सिद्धांत** में होता है।

पूर्ण (नैसर्गिक) संख्याएं

संख्याओं के बारे में प्रथम अवधारणाएं मनुष्य को आदिम काल में ही प्राप्त हो चुकी थीं (देखिए § 18)। इनका जन्म आदमियों, जीवों, फलों और अन्य वस्तुओं की गिनती से हुआ था। गिनती से एक,, दो तीन आदि संख्याएं उत्पन्न हुईं। इन्हें **नैसर्गिक संख्या** कहते हैं। अंकगणित में इन संख्याओं को **पूर्ण संख्या** कहते हैं

नैसर्गिक संख्याओं की अवधारणा सरलतम अवधारणाओं में से एक है। इसे सिर्फ उदाहरणों के जरिये समझाया जा सकता है। ईसा पूर्व तीसरी शती में युक्लिड ने संख्या (नैसर्गिक संख्या) की परिभाषा "इकाइयों के समाहार" के रूप में की थी। पर समाहार, समुच्चय, कुलक, गुच्छ आदि जैसे शब्द 'संख्या' शब्द से अधिक सुबोध नहीं हैं।

पूर्ण संख्याओं का क्रम

$$1, 2, 3, 4, 5, \ldots$$

अनंत चलता रहता है; इसे **नैसर्गिक कतार** कहते हैं।

गिनती की सीमाएं

सामाजिक विकास के आरंभिक चरणों में लोग गिनती करना करीब-करीब नहीं ही जानते थे। वे दो और तीन वस्तुओं के समाहारों में अंतर समझ सकते थे; इससे अधिक वस्तुओं के समाहार को 'बहुत' की अवधारणा में शामिल कर लेते थे। यह गिनती नहीं थी, सिर्फ उसकी शुरूआत थी।

छोटे-छोटे समाहारों में भेद करने की योग्यता आगे चल कर और भी विकसित हुई : 'चार', 'पांच', 'छः', 'सात' की अवधारणाओं को द्योतित करने वाले शब्द अस्तित्व में आये। कई भाषाओं में शब्द 'सात' अनिश्चित रूप से बड़ी राशियों को द्योतित करता है।

आर्थिक कार्यकलाप (गृहस्थी आदि) के विस्तृत और जटिल होने के साथ-साथ आदमी को अधिक बड़ी सीमाओं में गिनती की जरूरत पड़ने लगी। वह अपने आसपास की वस्तुओं को गिनती के औजार के रूप में इस्तेमाल करने लगा। डंडे या पेड़ के तने पर खाँचे बनाना, रस्सी में गाँठें लगाना, कंकड़ों की कूरी बनाना आदि इसी के उदाहरण हैं।*

गिनती के विकास में आदमी की उंगलियों की भी भूमिका रही है। इन्हें महत्वपूर्ण प्राकृतिक प्रयुक्ति की संज्ञा दी जा सकती है, जो गणना के फलों को याद रखने में मदद नहीं कर सकती थी, पर हमेशा पास होती थी और उसे मनचाहा रूप दिया जा सकता था (उंगलियों को मोड़कर)। आदिम मानव की भाषा समृद्ध नहीं थी; शब्दों की कमी इशारों और भंगिमाओं से पूरी की जाती थी। जिन **संख्याओं के नाम** नहीं थे, उन्हें उंगलियों से "दिखाया" जाता था (यह अब भी होता है, जब दो आदमी अलग-अलग भाषाओं में बोलते हैं और एक दूसरे को कुछ समझाने की कोशिश करते हैं)।

स्वाभाविक ही है कि "बड़ी" संख्याओं के नये नाम संख्या 10—दोनों हाथों की उंगलियों की संख्या—के आधार पर रचे जाने लगे। कुछ जनजातियों ने संख्याओं के नाम संख्या 5 (एक हाथ की उंगलियों की संख्या) पर आधारित

---

* कंकड़ के सहारे गिनती विभिन्न परिष्कृत प्रयुक्तियों के मूल में देखी जा सकती है। ये प्रयुक्तियां हैं : रूसी गिनतारा, चीनी गिनतारा (सुआन फान), प्राचीन मिश्र का अबाक (धारियों में बंटा तख्ता, जिस पर गिनती के गोटे रखे जाते थे)। ऐसी प्रयुक्तियां अनेक जातियों के पास देखी जा सकती हैं। लातीनी शब्द calculatio (गिनती) शब्द calculus से निकला है, जिसका अर्थ कंकड़ है।

किये और कुछ ने संख्या 20 (हाथों और पैरों की उंगलियों की संख्या) पर (दे. § 19)।

आरंभ में संख्याओं के संचय का विस्तार बहुत धीरे-धीरे हो रहा था। लोगों ने पहले कुछेक प्रथम दशकों की सीमा में गिनना सीखा; सौ तक की गिनती बहुत बाद में आयी। कई लोकजन लंबे काल तक "अनिश्चित बड़ी संख्या" के अर्थ में 40 की संख्या का व्यवहार करते रहे। रूसी में 40 को 'सोरक' कहते हैं, पर 'सोरका-नोश्का' (गोजर) का अर्थ "चालीस पैरों वाला" नहीं, बल्कि "बहुत पैरों वाला" है; 'सोरक सरकोव' (चालीसों चालीस) मुहावरे से पुराने जमाने में कल्पनातीत बड़ी संख्या को व्यक्त करते थे। अनेक रूसी कहावतों में शब्द चालीस इसी अर्थ में प्रयुक्त हुआ है ("एक नैन पैनी, चालीस नैन दैनी", "चालीस साल धायो, चालीस सलजम पायो", आदि)।

अगले चरण में गिनती नयी सीमा उपलब्ध करती है—दस दशक; और संख्या 100 का नामकरण होता है। इसके साथ ही शब्द 'सौ' ('सं') अनिश्चित बड़ी संख्या का अर्थ भी ग्रहण करता है: "खेत में पट्टा, ओढ़े सौ दुपट्टा" पहेली में 'सौ' का यही अर्थ है (उत्तर : पत्ता गोभी)। समय के साथ-साथ क्रमशः हजार, दस हजार, मिलियन आदि संख्याएं भी यही अर्थ ग्रहण करती हैं।

गिनती की दशभू प्रणाली

अनेक आधुनिक भाषाओं में दस लाख तक की संख्याओं के नाम 37 शब्दों की सहायता से बनते हैं, जो निम्न संख्याओं को द्योतित करते हैं: 1, 2, 3, 4, 5, 6, 7, 8, 9, 10, 11, 12, 13, 14, 15, 16, 17, 18, 19, 20, 30, 40, 50, 60, 70, 80, 90, 100, 200, 300, 400, 500, 600, 700, 800, 900, 1000 (जैसे 918742 का नाम : नौ सौ अठारह हजार सात सौ बयालीस)। पर इन 37 संख्याओं के नाम के मूल में प्रथम दशक की इकाइयों (1, 2, 3, 4, 5, 6, 7, 8, 9) और 10, 100, 1000 संख्याओं के ही नाम हैं। [हिंदी में 10^{19} तक की संख्याओं को व्यक्त करने के लिये 109 संख्याओं के नाम प्रयुक्त होते हैं: एक से सौ तक की संख्याओं के नाम, और हजार, लाख, करोड़, अरब, खरब, नील, पद्म, शंख, महाशंख। सौ तक की संख्याओं के नाम अंततः दस तक की संख्याओं के नामों से बनते हैं; बाकी नौ संख्याओं के नाम औपचारिक हैं; प्रत्येक में दो बार दस से गुणा करने पर अगली संख्या प्राप्त होती है। संस्कृत में प्रथम सौ तक

की संख्याओं के नामों के अतिरिक्त 200, 300, 400, 500, 600, 700, 800, 900, 1000 के भी नाम हैं। इन सबके आधार में संख्या 10 और 10 तक की संख्याओं के नाम हैं। इसके बाद निम्न नाम प्रयुक्त होते हैं : अयुत (10,000), लक्ष, प्रयुत, कोटि, अर्बुद, अब्ज, खर्व, निखर्व, महापद्म, शंकु, जलधि, अंत्य, मध्य, परार्ध। प्रत्येक में 10 से गुणा करने पर अगली संख्या मिलती है।]

संख्याओं के द्योतन के लिए शब्द-निर्माण के मूल में संख्या 10 और दस तक की संख्याओं के नाम रखे गये हैं, इसीलिए नामों की इस प्रणाली को **गिनती की दशभू** (या **दशमलव**) **प्रणाली** कहते हैं। इसमें संख्या 10 की विशेष भूमिका का कारण हमारे हाथों में 10 उंगलियों का होना ही है।

संख्याओं के नामकरण के मूल में संख्या 10 की उपस्थिति एक नियम है। पर विभिन्न भाषाओं में विभिन्न अपवाद मिल सकते हैं, जिन्हें गिनती के विकास की ऐतिहासिक विशेषताओं द्वारा समझाया जा सकता है। आधुनिक रूसी में एक ही अपवाद है— संख्या 40 का नाम 'सोरक' (प्राचीन रूसी शब्द 'सरोछ्का'), जिसका अर्थ था 'बहुत बड़ी बोरी', जिसमें ढेर सारे फर वाले चमड़े जमा हो सकते थे। कालांतर में इसका अर्थ 'बहुत' हो गया और फिर बाद में 'चालीस'। इसके पहले रूसी में 40 का नाम सामान्य नियम के अनुसार ही था।

फ्रांसीसी में संख्या 20 और 80 के नाम अदशभू हैं : 80 का नाम quatrevingt (चार बार बीस) है। यहां हम प्राचीन वीशभू गिनती का अवशेष देखते हैं, जिसमें आधार-संख्या 20 होती है (यह हाथों और पैरों की उंगलियों की कुल संख्या है)। लातीनी में भी संख्या 20 का नाम अदशभू है : viginiti ; पर 80 का नाम दशभू है (octoginta ; octo माने 8)। लेकिन 18, 19 के नाम 20 की सहायता से रखे गये हैं : duodeviginiti—दो कम बीस, undeviginiti एक कम बीस [तुलना करें : हिंदी में उन्नीस—एक कम बीस, उनतीस—एक कम तीस, आदि]।

संख्या 200, 300, 400, 500, 600, 700, 800, 900 के नाम सभी आधुनिक भाषाओं में दशभू के अनुरूप हैं।

संख्या की अवधारणा का विकास

अलग-अलग वस्तुओं को गिनने की प्रक्रिया में सबसे छोटी संख्या इकाई होती है; उसे अंशों में बांटने की जरूरत नहीं पड़ती और अक्सर यह संभव भी

नहीं होता (कंकड़ गिनने में दो कंकड़ों के साथ तीसरे का आधा मिलाने पर 3 कंकड़ होते हैं, न कि $2\frac{1}{2}$; ढाई आदमी की समिति बनाना असंभव है)। लेकिन जब किसी *राशि की माप* लेनी पड़ती है, तब इकाई को अक्सर अंशों में बाँटने की जरूरत पड़ती है। उदाहरणार्थ, कदमों में लंबाई नापने पर $2\frac{1}{2}$ कदम जैसे परिणाम मिल सकते हैं। इसीलिए **भिन्न संख्या** (विभाजित इकाई) का जन्म अति प्राचीन काल में ही हो गया था (दे. §§ 31, 46)। आगे चल कर संख्या की अवधारणा को और भी विस्तृत करने की आवश्यकता पड़ी; एक-एक कर **अव्यतिमानी** (§ 93), **ऋण** (§ 69) और **मिश्र** (§§ 94, 100) संख्याएं सामने आयीं।

शून्य संख्या-परिवार के साथ बहुत बाद में आकर मिला। आरंभ में शून्य का अर्थ था—किसी संख्या की अनुपस्थिति (इसका और इसके लातीनी अनुवाद का शाब्दिक अर्थ है "कुछ नहीं")। यदि 3 में से 3 निकाल दिया जाये, तो सचमुच "कुछ नहीं" बचेगा। इस "कुछ नहीं" को संख्या मानने का आधार ऋण संख्याओं की उत्पत्ति और उनके अध्ययन से संबंधित है (दे. § 69)।

अंक

अंक संख्या को व्यक्त या चित्रित (*अंकित*) करने वाला लिखित प्रतीक है। प्राचीन काल में संख्याओं को लकीरों द्वारा द्योतित किया जाता था : एक लकीर से इकाई, दो लकीरों से दुक्का, आदि। यह लेखन-विधि खाँचों के प्रयोग से उत्पन्न हुई थी। संख्या 1, 2, 3 के द्योतन के लिए प्रयुक्त रोमन अंकों में यह विधि अभी भी बची हुई है (दे. § 22.5)।

बड़ी संख्याओं के अंकन के लिए यह विधि अनुपयुक्त थी। इसी कारणवश संख्या 10 के लिए विशेष प्रतीकों को जन्म दिया गया (दशभू गिनती के अनुरूप, दे. § 19)। कुछ अन्य जनजातियों ने संख्या 5 के लिए विशेष प्रतीक बनाये (एक हाथ की उंगलियों की संख्या के आधार पर पंचभू गिनती के अनुरूप)। बाद में बड़ी संख्याओं के लिए प्रतीक बने। विभिन्न लोकजनों के यहाँ अलग-अलग प्रकार के प्रतीक बने, जिनका रूप समय के साथ-साथ बदलता रहा। **अंकन की प्रणालियां**, अर्थात् *बड़ी संख्याओं को चित्रित करने के लिए अंकों को मिलाने की विधियां* भी अलग-अलग प्रकार की थीं। फिर भी, अधिकतर अंकन-प्रणालियों ने दशभू आधार को ही महत्त्व दिया, जो गिनती की दशभू प्रणाली के अधिक प्रचलन के अनुरूप था।

अंकन प्रणालियां

1. प्राचीन ग्रीक अंकन. प्राचीन ग्रीस में तथाकथित एट्टिक (Attic, एथेंस की बोली से संबंधित) अंकन-प्रणाली प्रचलित थी। संख्याएं 1, 2, 3, 4 खड़ी लकीरों I, II, III, IIII. से द्यौतित होती थीं। संख्या 5 का प्रतीक था Γ (यह ग्रीक वर्ण 'पाइ' का प्राचीन रूप है; इससे शब्द pente, पाँच शुरू होता है)। संख्याएं 6, 7, 8, 9 निम्न प्रकार से लिखी जाती थी : ΓI, ΓII, ΓIII, ΓIIII । संख्या 10 का प्रतीक था Δ (शब्द 'देका'—दस—का प्रथम वर्ण)। संख्याएं 100, 1000 और 10000 भी तदनुरूप शब्दों के प्रथम वर्णों से लिखी जाती थीं : H, X, M । 50, 500, 5000 संख्याएं क्रमशः 5 और 10, 5 और 100, 5 और 1000 के प्रतीकों के मेल से लिखी जाती थीं : 𐅄, 𐅅, 𐅆 । प्रथम दस हजार तक की बाकी संख्याएं निम्न प्रकार से लिखी जाती थीं :

HH𐅄ΓI=256, XX𐅄I=2051,

HHH𐅄ΔΔΔII=382, 𐅆XX𐅅HHH=7800

आदि।

ई. पू. तीसरी शती में एट्टिक अंकन-प्रणाली का स्थान आयोनिया (एक ग्रीक शहर, यूनान या यवन) की अंकन-प्रणाली ने ले लिया। इसमें 1 से 9 संख्याएं वर्णमाला के प्रथम नौ वर्णों से द्योतित होती थीं (वर्ण ϛ -फाउ, ϙ कप्पा और ϡ सांपी अब अप्रचलित हैं, अन्य वर्णों के नाम § 15 में देखें) :

$\alpha=1,\ \beta=2,\ \gamma=3,\ \delta=4,\ \varepsilon=5,\ ϛ=6,\ \zeta=7,\ \eta=8,\ \theta=9;$

संख्या 10, 20, 30,..., 90 के लिए निम्न नौ वर्ण थे :

$\iota=10,\ \varkappa=20,\ \lambda=30,\ \mu=40,\ \nu=50,\ \xi=60,\ o=70,$
$\pi=80,\ ϙ=90;$

100, 200,..., 900, संख्याएं अंतिम नौ वर्णों से द्योतित होती थीं:

$$\rho=100,\ \sigma\quad 200,\ \tau=300,\ \upsilon=400,\ \varphi=500,\ \chi=600,$$

$$\Psi=700,\ \omega=800,\ \text{ϡ}=900$$

हजार और दस हजार कोटि की संख्याओं को उन्हीं अंकों से द्योतित किया जाता था, सिर्फ उन पर एक हल्की-सी तिरछी लकीर ′ डाल दी जाती थी :

$$'\alpha=1000,\ '\beta=2000, \text{ आदि ।}$$

अंक और वर्ण में भेद करने के लिए अंकों पर एक पड़ी रेखा डाली जाती थी, यथा : $\overline{\iota\eta}=18$, $\overline{\mu\zeta}=47$; $\overline{\upsilon\xi}=407$, $\overline{\chi\kappa\alpha}=621$, $\overline{\chi\kappa}=620$ आदि ।

वर्णमाला से संबंधित ऐसा अंकन प्राचीन काल में यहूदी, अरबी और निकट पूर्व के अन्य अनेक लोकजनों में प्रचलित था । किसके यहां पहले-पहल इसका प्रयोग हुआ था, यह ज्ञात नहीं है !

2. स्लावी अंकन. दक्षिणी और पूर्वी स्लावी लोकजन संख्या-लेखन के लिए वर्णमालीय अंकन का प्रयोग करते थे । कुछ स्लावी लोकजन वर्णों के सांख्यिक मान स्लावी वर्णमाला के क्रमानुसार रखते थे, कुछ स्लाव (जिनमें रूसी भी शामिल हैं) अंकन के लिए सिर्फ उन्हीं वर्णों का प्रयोग करते थे, जो ग्रीक वर्णमाला में भी थे । अंक व्यक्त करने वाले वर्ण के ऊपर लहरदार लकीर लगायी जाती थी (दे. अगले पृष्ठ पर सारणी) । इसमें वर्णों के सांख्यिक मान ग्रीक वर्णमाला के क्रमानुसार बढ़ते थे (स्लावी वर्णमाला में वर्णों का क्रम कुछ दूसरा था) ।

रूस में स्लावी अंकन 17-वीं शती के अंत तक प्रचलित रहा । प्योत्र-I* के जमाने से "अरबी अंकन" हावी होने लगा, जिसका उपयोग आज भी हो रहा है ("अरबी अंकन", देखिए इस अनुच्छेद के अंत में) । स्लावी अंकन अब सिर्फ धर्म-ग्रन्थों में रह गया है ।

---

* अंग्रेजी से – पीटर प्रथम । —सं.

स्लावी अंक निम्न है :

А҃	В҃	Г҃	Д҃	Є҃	Ѕ҃	З҃	И҃	Ѳ҃
1	2	3	4	5	6	7	8	9
І҃	К҃	Л҃	М҃	Н҃	Ѯ҃	О҃	П҃	Ч҃
10	20	30	40	50	60	70	80	90
Р҃	С҃	Т҃	Ѵ҃	Ф҃	Х҃	Ѱ҃	Ѡ҃	Ц҃
100	200	300	400	500	600	700	800	900.

3. प्राचीन आर्मेनी और ग्रुजीनी अंकन. आर्म्यानीन और ग्रूजीन (आर्मेनियाई और जार्जियाई लोग) वर्णमाला-सिद्धांत पर आधारित अंकन का उपयोग करते थे। पर इनकी वर्णमालाओं में प्राचीन ग्रीक वर्णमाला से अधिक वर्ण थे, इसलिए इनके अंकन में 1000, 2000, 3000, 4000, 5000, 6000, 7000, 8000, 9000 संख्याओं के लिए भी प्रतीक थे। वर्णों के सांख्यिक मान वर्णमाला में वर्णों के क्रम का अनुसरण करते थे।

वर्णमालीय अंकन 18-वीं सदी तक हावी रहा, यद्यपि अलग-थलग स्थितियों में वहां "अरबी अंकन" का भी प्रयोग काफी पहले से हो रहा था (ग्रूजिया में इस तरह के उदाहरण 10-वीं या 11-वीं सदी से मिलने लगते हैं; आर्मेनिया में गणित के ऐतिहासिक ग्रन्थों में से सिर्फ 15-वीं सदी के ग्रन्थों में ऐसे उदाहरण अब तक पाये गये हैं)। आर्मेनिया में छंदों, पुस्तकों में अध्यायों आदि का क्रम दिखाने के लिए आज भी वर्णमालीय अंकन का प्रयोग होता है। ग्रूजिया में अब वर्णमालीय अंकन का प्रयोग नहीं है।

4. बेबीलोनी स्थानाश्रित अंकन. प्राचीन बेबीलोन में करीब 40 सदी ईसा-पूर्व स्थानाश्रित अंकन की विधि रची गयी थी। **स्थानाश्रित अंकन** में *एक ही अंक अपने स्थान के अनुसार विभिन्न संख्याओं को व्यक्त कर सकता है।* हमारा आधुनिक अंकन भी स्थानाश्रित ही है : संख्या 52 में अंक 5 पचास, अर्थात् 5·10 को द्योतित करता है, पर संख्या 576 में यही अंक पाँच सौ अर्थात् 5·10·10 को द्योतित करता है। हमारे आज के अंकन में जो भूमिका 10 की है, वही भूमिका बेबीलोनी स्थानाश्रित अंकन में 60 की थी। इसीलिए इस अंकन को **षष्टिभू** (या साठ-आधारी) कहा जाता है। 60 से

कम की संख्याएं दो प्रतीकों की मदद से लिखी जाती थीं ; इकाई—  से, और दशक—  से। ये प्रतीक फणाकार थे, क्योंकि बेबीलोन वासी मिट्टी के तख्तों पर त्रिपार्श्व जैसी लम्बी छड़ी से लिखते थे। इन प्रतीकों को आवश्यकतानुसार दोहराया जाता था, जैसे :

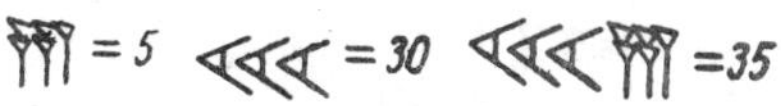

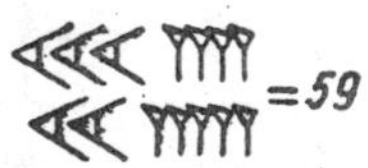

60 से अधिक की संख्याओं को लिखने का तरीका निम्न उदाहरणों द्वारा दिखाया गया है :  का अर्थ था 5·60 + 2 = 302। यह ठीक उसी प्रकार है, जैसे 52 का अर्थ 5·10 + 2 होता है। लेख

का अर्थ था 21·60 + 35 = 1295। अगला लेख

1·60·60 + 2·60 + 5 = 3725 व्यक्त करता है, जैसे हमारा लेख 125 हमें 1·100 + 2·10 + 5 का बोध कराता है। बीच का कोई स्थान खाली होने पर उसे प्रतीक  द्वारा छेंकते थे; जाहिर है कि यह प्रतीक शून्य का काम करता था। अतः लेख

का अर्थ था 2·60·60 + 0·60 + 3 = 7203। पर निम्नतम स्थानों पर अंकों की अनुपस्थिति को नहीं दर्शाया जाता था; उदाहरणार्थ, संख्या 180 = 3·60 को लेख  द्वारा दर्शाया जाता था। पर यही लेख संख्या 3 को भी द्योतित करता था और संख्या 10800 = 3·60·60 को भी व्यक्त कर सकता

था। 3, 180, 10800 आदि संख्याओं में अंतर सिर्फ संदर्भ के आधार पर किया जाता था।

लेख  का अर्थ $\frac{3}{60}$, $\frac{3}{60.60}=\frac{3}{3600}$, $\frac{3}{60.60.60}=\frac{3}{216000}$

आदि भी हो सकता था। ठीक इसी तरह से हम दशमलव प्रणाली में 3 का प्रयोग $\frac{3}{10}$, $\frac{3}{10 \cdot 10}=\frac{3}{100}$, $\frac{3}{10 \cdot 10 \cdot 10}=\frac{3}{1000}$ आदि भिन्नों को दिखाने के लिए करते हैं। पर हम अंक 3 के पहले आवश्यक संख्या में शून्य बैठाकर इन भिन्नों में भेद कर लिया करते हैं: $\frac{3}{10}=0.3$, $\frac{3}{100}=0.03$, $\frac{3}{1000}$ $=0.003$ आदि। पर बेबीलोनी अंकन में ये शून्य निर्दिष्ट नहीं होते थे।

बेबीलोनवासी षष्टिभू प्रणाली के साथ-साथ दशभू प्रणाली का भी उपयोग करते थे, पर यह स्थानाश्रित नहीं थी। इसमें 1 और 10 के प्रतीकों के अतिरिक्त निम्न प्रतीक भी थे: 100 के लिए 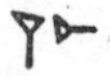, 1000 के लिए , और 10,000 के लिए । 200, 300, आदि संख्याओं के संकेत थे:

आदि। 2000, 3000 आदि और 20,000, 30,000 आदि संख्याएं भी इसी विधि से लिखी जाती थीं। संख्या **274** लिखने का तरीका था:

संख्या 2068 निम्न प्रकार से द्योतित होती थी:

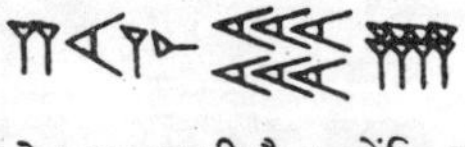

षष्टिभू प्रणाली दशभू के बाद आयी है, क्योंकि उसमें 60 को दशभू प्रणाली के ही आधार पर अंकित किया जाता है। पर षष्टिभू प्रणाली बेबीलोन में कब और कैसे आयी, इसका पता अब तक नहीं चल सका है। इसके बारे में अनेकानेक परिकल्पनाएं प्रस्तुत की गयी हैं, पर अब तक एक भी प्रमाणित नहीं हो सकी है।

पूर्णांकों का षष्टिभू अंकन एसीरियाई-बेबीलोनी राज्य के बाहर प्रचलित नहीं हुआ, पर **षष्टिभू भिन्न** इस सीमा को लांघ कर दूर-दूर तक निकट पूर्व के देशों, मध्य एशिया, उत्तरी अफ्रीका और पश्चिमी यूरोप के देशों में व्यवहृत होने

लगे। दशभू भिन्न के आविष्कार के पहले, अर्थात् सत्रहवीं सदी तक इनका उपयोग काफी विस्तृत था (विशेषकर खगोलशास्त्र में)। षष्टिभू भिन्न का अवशेष अब कोण और चाप की डिग्री (और साथ ही घंटे) के विभाजन में देख सकते हैं: एक डिग्री (और घंटे) को 60 मिनट में बाँटा गया है और एक मिनट को 60 सेकेंड में।

5. रोमन अंकन. प्राचीन रोमवासी जिस अंकम का प्रयोग करते थे, वह आज भी "रोमन अंकन" नाम से जीवित है। इसका उपयोग शताब्दियों, अधिवेशनों, पुस्तक के प्राक्कथनीय पृष्ठों, अध्यायों आदि के सांख्यिक नामकरण के लिए होता है।

रोमन अंकों का अंतिम रूप निम्न है:

I = 1, V = 5, X = 10, L = 50, C = 100, D = 500,

M = 1000

पहले इनका रूप कुछ अन्य था: संख्या 1000 को प्रतीक (|) द्वारा लिखते थे और संख्या 500 को |) द्वारा।

रोमन अंकों की उत्पत्ति के बारे में विश्वस्त सूचनाएं प्राप्त नहीं हैं। अंक V सटी उंगलियों समेत हथेली का आरेखात्मक चित्र हो सकता है और अंक X इसी प्रकार से दो हथेलियों का। 1000 का चिह्न 500 के चिह्न को दुगुना कर देने से बना हो सकता है (या ठीक इसका उल्टा)।

रोमन अंकन में गिनती की पंचभू प्रणाली के अवशेष स्पष्ट रूप से देखे जा सकते हैं, पर रोमवासियों की भाषा (लातीनी) में पंचभू प्रणाली का कोई अवशेष-चिह्न नहीं मिलता। इसका मतलब है कि यह अंकन उन्होंने किसी दूसरी लोक-जाति से 'उधार' लिया होगा (शायद एत्रुस्कों से)।

5000 तक की सभी पूर्ण संख्याएं उपरोक्त अंकों की सहायता से लिखी जाती हैं। इसका नियम है: यदि बड़ा अंक छोटे के पहले है, तो उन्हें जोड़ा जाता है (उदाहरण: VI = 6, अर्थात् 5 + 1; LX = 60, अर्थात् 50 + 10); पर यदि छोटा अंक बड़े के पहले है, तो बड़े में से छोटे को घटा दिया जाता है* (उदाहरण: IV = 4, अर्थात् 5 − 1, XL 40, अर्थात् 50 − 10)। आखिरी स्थिति में छोटे अंक के अतिरिक्त बार दुहराये जाने की संभावना नहीं रहती, क्योंकि उसके बाद तुरत बड़ा अंक आ जाता है। एक ही अंक लगातार तीन बार से अधिक नहीं लिखा जाता है, यथा LXX = 70, LXXX = 80, पर

---

* घटाने का यह नियम लातीनी भाषा में गणवाचक संख्याओं 18 व 19 के नामों में प्रतिबिंबित है (दे. § 19)।

संख्या 90 का लेख होगा XC (न कि LXXXX)।

रोमन अंकन में प्रथम 12 संख्याएं निम्न प्रकार से लिखी जाती हैं :

I, II, III, IV, V, VI, VII, VIII, IX, X, XI, XII.

अन्य उदाहरण :

XXVIII = 28, XXXIX = 39, CCCXCVII = 397,

MDCCCXVIII = 1818

इस तरह के लेखन में बहुअंकी संख्याओं के साथ अंकगणितीय संक्रिया संपन्न करना काफी मुश्किल होता है, पर इसके बाबजूद रोमन अंकन इटली में 13-वीं शती तक, और पश्चिमी यूरोप के अन्य देशों में 16-वीं शती तक हावी रहा।

6. **भारतीय स्थानाश्रित अंकन**. भारत के विभिन्न क्षेत्रों में विभिन्न प्रकार की अंकन-प्रणालियां थीं। इनमें से एक धीरे-धीरे सारी दुनिया में फैलने लगी और अब सर्वमान्य हो गयी है। इस प्रणाली में अंक भारत की प्राचीन भाषा संस्कृत में प्रयुक्त तदनुरूप **गणवाचक** (समूहवाचक) संख्याओं के नामों के प्रथम अक्षरों द्वारा लिखे जाते थे (देवनागरी लिपि में)।

आरंभ में इन प्रतीकों द्वारा 1, 2, 3,..., 9, 10, 20, 30,..., 90, 100, 1000 संख्याएं द्योतित होती थीं; इनके सहारे अन्य संख्याएं भी लिखी जाती थीं। आगे चल कर किसी संख्या में रिक्त स्थान को दिखाने के लिए एक विशेष प्रतीक (मोटा-सा विंदु, या छोटा-सा वृत्त) प्रयुक्त होने लगा; 9 से अधिक की संख्याओं के प्रतीकों का प्रयोग लुप्त होने लगा और "देवनागरी अंकन" धीरे-धीरे दशभू स्थानाश्रित प्रणाली में परिवर्तित हो गया। कब और कैसे यह संक्रमण पूरा हुआ—यह अज्ञात है।

8-वीं शती के मध्य तक स्थानाश्रित अंकन-प्रणाली का प्रचलन भारत में काफी विस्तृत हो गया। लगभग इसी समय इसका प्रसार दूसरे देशों (हिंदचीन, चीन, तिब्बत, सोवियत संघ के वर्तमान मध्य-एशियाई जनतंत्रों, ईरान आदि) में होने लगा।

अरबी देशों में भारतीय अंकन के प्रसार में निर्णायक भूमिका एक पाठ्य-पुस्तक की रही, जिसे 9-वीं शती में खोरेज्म के मुहम्मद ने लिखा था (खोरेज्म क्षेत्र अब सोवियत उज्बेकिस्तान में आता है)। बीजगणित को जन्म देने वाले विलक्षण विद्वान भी ये ही थे (दे. § 68)। मुहम्मद ने अपनी कृति अरबी भाषा में लिखी थी, जो पश्चिमी यूरोप में लातीनी की तरह ही पूर्व के देशों में अंतर्राष्ट्रीय वैज्ञानिक भाषा थी। इतिहास में मुहम्मद अपने अरबीकृत नाम "मुहम्मद-अल-ख्वोरिज्म" (खोरेज्म के मुहम्मद) से प्रसिद्ध हैं। यूरोप में उनकी पुस्तक का लातीनी भाषा में अनुवाद 12-वीं शती में हुआ था।

इटली में भारतीय अंकन 13-वीं सदी में प्रचलित हो गया था; पश्चिम यूरोप के अन्य देशों में इसे 16-वीं शती में प्रतिष्ठा मिली। यूरोपवासियों ने अरबियों से गृहीत भारतीय अंकन का नाम "**अरबी अंकन**" रखा। ऐतिहासिक दृष्टिकोण से यह नाम गलत है, पर परंपरावश अभी भी प्रचलित है।

अरब जनों ने यूरोप को "cipher" शब्द भी दिया (अरबी में "सिफ़"), जिसका अर्थ है "रिक्त स्थान"। यह इसी अर्थ वाले संस्कृत शब्द "**शून्य**" का अरबी अनुवाद है। आरंभ में इस शब्द से किसी संख्या में खाली स्थान को द्योतित करने वाले प्रतीक को पुकारते थे। इस अर्थ में "सिफर" का प्रयोग 18-वीं शती तक चलता रहा, यद्यपि लातीनी शब्द nullum (कुछ नहीं) का प्रादुर्भाव 15-वीं शती में ही हो चुका था।

भारतीय अंकों के रूप में अनेक परिवर्तन होते रहे; जिस रूप का हम लोग प्रयोग करते हैं, वह 16-वी शती में स्थिर हो चुका था।

बड़ी संख्याओं के नाम

बड़ी संख्याओं को पढ़ने और याद करने में सुविधा हो, इसके लिए अंकों को तथाकथित "**ग्रुपों**" में बांट देते हैं। दायें से प्रथम तीन अंकों के समूह को प्रथम ग्रुप कहते हैं, अगले तीन अंकों के समूह को दूसरा ग्रुप कहते हैं, आदि। आखिरी ग्रुप में तीन, दो या सिर्फ एक अंक हो सकता है। ग्रुपों के बीच थोड़ी जगह छोड़ दिया करते हैं। उदाहरणतः, संख्या 35461298 को निम्न प्रकार से लिखते हैं : 35 461 298। इसमें 298 प्रथम ग्रुप है, 461 दूसरा ग्रुप है और 35 तीसरा ग्रुप।

ग्रुप के हर अंक का स्थान **श्रेणी** कहलाता है। श्रेणियों की गिनती भी दायें से होती है। उदाहरणतः, प्रथम ग्रुप में अंक 8—प्रथम श्रेणी में है, 9—दूसरी श्रेणी में, 2—तीसरी श्रेणी में। आखिरी ग्रुप में तीन, दो या एक श्रेणियां हो सकती हैं। (हमारे उदाहरण में : 5 प्रथम श्रेणी में है और 3—दूसरी श्रेणी में)।

प्रथम ग्रुप की श्रेणियां क्रमशः इकाई, दहाई और सैकड़ा दिखाती हैं; दूसरे ग्रुप की श्रेणियां हजार की होती हैं; तीसरे ग्रुप की श्रेणियां **मिलियन** की होती हैं। उदाहरणतः संख्या 35 461 298 को पढ़ते हैं : पैंतीस *मिलियन* चार सौ इकसठ *हजार* दो सौ अट्ठानवे। इसीलिए कहते हैं कि दूसरे ग्रुप की इकाइयां हजार की हैं, तीसरे ग्रुप की इकाइयां मिलियन की हैं।

चौथे ग्रुप की इकाइयां **मिलियार्ड** की हैं, अर्थात् 1 मिलियार्ड 1000 मिलियन। **अमरीकी बिलियन** इसी मिलियार्ड को कहते हैं।

पांचवें ग्रुप की इकाइयां **ट्रिलियन** कहलाती हैं (1 ट्रिलियन=1000 मिलियार्ड)। इस प्रकार, हर ग्रुप पिछले वाले ग्रुप से 1000 गुना अधिक होता है। छठे, सातवें, आठवें, नवें ग्रुपों की इकाइयां क्रमशः क्वाड्रिलियन, क्विंटिलियन, सेक्स्टिलियन, सेप्टिलियन कहलाती हैं, आदि।

उदाहरणतः, संख्या 12 021 306 200 000 को पढ़ते हैं: बारह *ट्रिलियन* इक्कीस *मिलियार्ड* तीन सौ छह *मिलियन* दो सौ *हजार*।

बड़ी संख्याओं के नामकरण की उपरोक्त पद्धति अमेरिका, फ्रांस और रूस में प्रचलित है। अंग्रेजी और जर्मन पद्धतियां इनसे कुछ भिन्न हैं, पर आपस में समान हैं। इनमें 1000 मिलियन (ब्रितानी मिलियार्ड) के बाद **ब्रितानी बिलियन** का नाम आता है, जो मिलियार्ड से 1000 गुना अधिक है। इसके बाद का प्रत्येक नाम पिछले वाले से 1000 000 गुना अधिक होता है, जैसे 1 ट्रिलियन=1000 000 बिलियन, 1 क्वाड्रिलियन =1000 000 ट्रिलियन, आदि।

[**हिंदी में** प्रचलित पद्धति के अनुसार किसी संख्या को लिखने का तरीका निम्न है: दायें से प्रथम तीन अंकों को एक ग्रुप में रखते हैं और इसके बाद दो-दो अंकों का ग्रुप बनाते जाते हैं, जैसे—3 54 61 298। आखिरी ग्रुप में दो या एक अंक हो सकता है।

संख्या में किसी भी अंक के स्थान को श्रेणी कहते हैं। श्रेणियों की गिनती दायें से शुरू करते हैं और लगातार गिनते जाते हैं; हर ग्रुप के लिए श्रेणियों की गिनती अलग से नहीं करते।

पहली श्रेणी (या तुलना के लिए, प्रथम घर) में इकाइयां होती हैं, जिनकी संख्या 1 से 9 तक हो सकती है। दूसरी श्रेणी में इकाइयां दस-दस के समाहारों में होती हैं, जिनकी संख्या 1 से 9 तक हो सकती है; प्रत्येक समाहार को दहाई कहते हैं और इस प्रकार दूसरी श्रेणी दहाई की होती है। तीसरी श्रेणी (घर) में इकाइयां सौ-सौ के समाहारों में होती हैं, जिनकी संख्या 1 से 9 हो सकती है; इसे सैकड़े की श्रेणी कहते हैं।

उदाहरण: संख्या 253 की पहली श्रेणी में 3 इकाइयां हैं, दूसरी श्रेणी में 5 दहाइयां (दस-दस इकाइयों के 5 समाहार) हैं, और तीसरी श्रेणी में 2 सैकड़े (सौ-सौ इकाइयों के दो समाहार) हैं।

सैकड़े की श्रेणी के बाद हजार, दस हजार, लाख, दस लाख, करोड़, दस करोड़, अरब, दस अरब, खरब, दस खरब, नील, दस नील, पद्म, दस पद्म, शंख, दस शंख, महाशंख की श्रेणियां आती हैं। प्रत्येक श्रेणी पिछली वाली से दस गुनी अधिक इकाइयों वाले समाहार रखती है, जिनकी संख्या 1 से 9 तक हो सकती है।

यदि किसी श्रेणी में एक भी इकाई (या इकाइयों का एक भी समाहार) नहीं है, तो उसके स्थान पर **शून्य** लिखते हैं। जिस श्रेणी में इकाइयों के जितने समाहार हैं, उसके स्थान पर उतनी ही संख्या वाला अंक लिखते हैं। किसी समाहार में इकाइयों की कितनी संख्या होगी, यह इस बात पर निर्भर करता है कि समाहार किसकी श्रेणी में है—सैकड़े की, हज़ार की, दस खरब की, या नील की।]

अंकगणितीय संक्रियाएं

1. **जोड़**, योग (संयोजन) क्या है, इसकी अवधारणा ऐसे सरल तथ्यों से बनी है कि इसे परिभाषित करने की आवश्यकता नहीं पड़ती। इसकी औपचारिक परिभाषा संभव भी नहीं है।

जोड़ का आलेख : $8+3=11$; जोड़ी जाने वाली संख्याओं (8 व 3) को **योज्य** (या **पद**) कहते हैं। जोड़ने से प्राप्त संख्या (11) **योगफल** या **संकल** कहलाती है।

2. **घटाव** *दिये गये संकल और एक पद की सहायता से दूसरे पद को ढूंढ़ने की क्रिया को कहते हैं।* संकल (जिसमें से घटाते हैं) **व्यवकल्य** कहलाता है, दिया गया पद **व्यवकारी** कहलाता है, इष्ट पद (या घटाने से प्राप्त फल) **अंतर** या **शेष** कहलाता है।

आलेख : $15-7=8$, 15 व्यवकल्य है, 7—व्यवकारी, 8—अंतर या शेष। अंतर 8 में व्यवकारी 7 जोड़ने पर व्यवकल्य 15 प्राप्त होता है। घटाव $15-7=8$ की जाँच, जोड़ $8+7=15$ द्वारा की जाती है।

3. **गुणा**. *किसी संख्या* (**गुण्य**) *में पूर्ण संख्या* (**गुणक**) *से गुणन* (गुणा करने) *का अर्थ है गुण्य को इतनी बार योज्य (पद) के रूप में ले कर जोड़ना, जितनी बार गुणक इंगित करे।* प्राप्त परिणाम को **गुणनफल** कहते हैं। (भिन्न से गुणा दे. § 35)।

आलेख : $12\times 5=60$, या $12\cdot 5=60$; 12 गुण्य है, 5 —गुणक और 60—गुणनफल। $12\times 5=12+12+12+12+12$ (अर्थात 5 बार 12 का योग)।

यदि गुण्य और गुणक की अदला-बदली हो जाये, तो गुणनफल पर कोई प्रभाव नहीं पड़ता। उदाहरणतः, $2\times 5=2+2+2+2+2=10$ और $5\times 2=5+5=10$। इसीलिए गुण्य और गुणक में से प्रत्येक को सिर्फ **गुणक** (या संगुणक, सहगुणक, **गुणनखंड**) भी कहते हैं।

4. **भाग**. *दिये हुए गुणनफल और एक गुणनखड की सहायता से दूसरे*

गुणनखंड को ज्ञात करने की क्रिया है। दिया हुआ गुणनफल **भाज्य** कहलाता है, गुणनखंड—**भाजक**, और इष्ट गुणनखंड—**भागफल**।

[भाग का अर्थ यह भी है कि एक संख्या (भाज्य) में दूसरी संख्या (भाजक) कितनी बार समाविष्ट है। मूलतः भाग बँटवारे की क्रिया है, जैसे छह (वस्तुओं) को तीन (आदमियों) में बाँटने पर प्रत्येक के हिस्से (भाग्य, भाग) में दो (वस्तुएं) होंगी।]

आलेख : 48 : 6 = 8, या 48 ÷ 6 = 8; 48 भाज्य है, 6—भाजक और 8—भागफल। भाजक 6 और भागफल 8 का गुणनफल है भाज्य 48 (भाग सही है या नहीं, इसकी जाँच की विधि)। भाग को $\frac{48}{6} = 8$ या 48/6 = 8 के रूप में भी लिख सकते हैं (दे. § 37)।

एक पूर्ण संख्या में दूसरी से भाग देने पर यह जरूरी नहीं कि भागफल पूर्ण संख्या ही हो। इस स्थिति में भागफल को भिन्न के रूप में प्रस्तुत करते हैं (§ 31)। [उदाहरणार्थ, 3 में 5 से भाग देने पर कोई पूर्ण संख्या नहीं मिलती। फल को **भिन्नांक** या सिर्फ **भिन्न** (भिदी हुई, बँटी हुई संख्या) कहते हैं, इसके द्योतन की एक विधि है : $\frac{3}{5}$ (देखें § 16 और आगे)।]

यदि भागफल पूर्ण संख्या में मिले, तो कहा जाता है कि *पहली संख्या* ***पूरी तरह विभाजित*** *हो गयी, या पहली संख्या दूसरी से* ***विभाज्य*** *है* [यह भी कहा जाता है : पहली संख्या दूसरी से पूरी तरह कट गयी; (पूरी तरह) **कटने** का अर्थ है (पूरी तरह) विभाजित होना]। यथा, संख्या 35 संख्या 5 से विभाजित हो जाती है ; भागफल के रूप में प्राप्त पूर्ण संख्या 7 **पूर्णांक** कहलाती है।

यहाँ दूसरी संख्या को **विभाजक** (या **अपवर्तक**) कहते हैं और पहली को—दूसरी का **अपवर्त्य**।

उदाहरण 1. संख्या 5 संख्या 25, 60, 80 की विभाजक है, पर संख्या 4, 13, 42, 61 की नहीं।

उदाहरण 2. संख्या 60 संख्या 15, 20, 30 का अपवर्त्य है, पर संख्या 17, 40, 90 का अपवर्त्य नही है।

एक पूर्ण संख्या दूसरी से पूरी तरह विभाजित होती है या नहीं, यह अनेक स्थितियों में बिना भाग दिये भी जाना जा सकता है (दे. § 26)।

जब भाज्य भाजक से पूरी तरह विभाजित नहीं होता, तब कभी-कभी **अपूर्ण भाग** का उपयोग होता है, जिसमें भाज्य की अविभाजित इकाइयां **शेष** के रूप में दर्शायी जाती हैं। अपूर्ण भाग का अर्थ है ऐसी महत्तम पूर्ण संख्या को ज्ञात करना, जो भाजक से गुणित होने पर भाज्य से कम की संख्या दे। यह महत्तम पूर्ण संख्या **अपूर्ण भागफल** कहलाती है। भाज्य में से भाजक और अपूर्ण भागफल

का गुणनफल घटाने से प्राप्त अंतर ही शेष कहलाता है; यह भाजक से हमेशा कम होता है।

उदाहरण. संख्या 19 संख्या 5 से पूरी तरह विभाजित नहीं होती। संख्या 1, 2, 3 में 5 से गुणा करने पर गुणनफल 5, 10, 15 प्राप्त होते हैं, जो 19 से अधिक नहीं है। 4 के साथ 5 का गुणा संख्या 20 देता है, जो 19 से अधिक है। अत: अपूर्ण भागफल $=3$। 19 और गुणनफल $3 \cdot 5 = 15$ का अंतर $19-15=4$ है, इसीलिए शेष $=4$। [उत्तर हुआ $3\frac{4}{5}$ (तीन पूर्णांक चार बटा पांच)।]

शून्य से भाग, दे. § 38।

5. घातन. किसी संख्या को किसी पूर्ण संख्या बार गुणनखंडों के रूप में ले कर गुणा करना **घातन** (या **घातक्रिया**) कहलाता है। गुणनफल को **घात** कहते हैं; गुणनखंडों के रूप में दुहरायी जाने वाली संख्या को **घाताधार** (घात का आधार) कहते हैं। गुणनखंडों की संख्या को **निस्थापक** (एक्सपोनेंट) या **घातसूचक** (या सिर्फ सूचक, इंडेक्स) कहते हैं।

आलेख : $3^4=81$; यहां 3 घात का आधार है, 4 घात का निस्थापक या सूचक है, 81 घात है; $3^4=3 \cdot 3 \cdot 3 \cdot 3$। [$3^4$ को पढें : "तीन का चौथा घात", "तीन पावर चार", "तीन पर चार", आदि।] जब निस्थापक कोई पूर्णांक होता है, तब **पूर्णांकी घात** मिलता है। [एक और अवधारणा—**घातकोटि** (घात की कोटि)—लाभदायक हो सकती है। "घात कोटि 10 है" का अर्थ है—घात का सूचक 10 है। बड़ी घातकोटि, छोटी घातकोटि, पूर्णांक घातकोटि आदि क्रमश: बड़े निस्थापक, छोटे निस्थापक, पूर्णांक निस्थापक आदि से मिलती हैं।]

दूसरे घात को **वर्ग** कहते हैं और तीसरे को—**घन**। पहला घात संख्या स्वयं होती है।

6. मूलन : *मूलन (मूल निकालना) घात और घात सूचक की सहायता से घात का आधार ज्ञात करने की क्रिया है।* दिया हुआ घात **मूलाधीन संख्या** कहलाता है, दिया हुआ घात सूचक **मूलांक** कहलाता है; घात का आधार, जिसे ज्ञात करना है, मूल कहलाता है। [मूलांक **मूल की कोटि** दर्शाता है।]

आलेख : $\sqrt[4]{81}=3$। यहां 81 मूलाधीन संख्या है, 4 मूलांक है, 3 मूल है। संख्या 3 को चौथे घात तक पहुँचाने से, या संख्या 3 के चौथे घातन से संख्या 81 मिलती है, अर्थात् $3^4=81$ (मूल की जांच इसी से होती है)।

दूसरे घात का मूल **वर्गमूल** कहलाता है और तीसरे घात का—**घनमूल**। संख्या 3 घात 81 का चौथा मूल है, दूसरा मूल (वर्गमूल) 9 है। वर्गमूल द्योतित करने में मूलांक 2 नहीं लिखते, अत: $\sqrt{16}=\sqrt[2]{16}=4$।

जोड़-घटाव, गुणा-भाग, घातन-मूलन—ये सभी परस्पर **प्रतीप** (उल्टी)

संक्रियाओं के युग्म हैं। अपेक्षा की जाती है कि प्रथम चार संक्रियाओं की संपादन-विधि से पाठक परिचित होंगे। घातन गुणा को दुहराने से होता है; मूलन के लिए देखें §§ 59, 60।

संक्रिया-क्रम. कोष्ठक

यदि एक के बाद एक कई संक्रियाएं हों तो परिणाम संक्रियाओं के क्रम पर निर्भर करेगा। उदाहरणतः, $4-2+1=3$ होगा, यदि संक्रियाओं को लेख के क्रम में संपन्न किया जायेगा; पर यदि पहले 2 और 1 को जोड़ा जाये और प्राप्त संकलन (3) को 4 में से घटाया जाये, तो उत्तर (परिणाम) 1 मिलेगा।

किस क्रम में संक्रियाओं को संपन्न करना है, यह दिखाने के लिए (विशेषकर यदि परिणाम संक्रिया-क्रम पर निर्भर करता है) कोष्ठकों का उपयोग करते हैं। कोष्ठकों में बंद संक्रियाएं बाकी से पहले संपन्न होती हैं। हमारे उदाहरण में $(4-2)+1=3$, $4-(2+1)=1$।

उदाहरण 1. $(2+4)\times 5=6\times 5=30$;

$$2+(4\times 5)=2+20=22.$$

गणितीय आलेख क्लिष्ट न हो जायें, इसके लिए कोष्ठकों का प्रयोग निम्न परिस्थितियों में अनावश्यक माना गया है : (1) *जब क्रम में जोड़ और घटाव की संक्रियाएं हों और उन्हें उसी क्रम में संपन्न करना हो, जिस क्रम में वे लिखी गयी हों*; यथा, $(4-2)+1=3$ की जगह $4-2+1=3$ लिखते हैं; (2) जब *कोष्ठक में गुणा और भाग की संकियाएं हों*; यथा, $2+(4\times 5)=22$ की जगह $2+4\times 5=22$ लिखते हैं।

कोष्ठकहीन व्यंजन (या ऐसे व्यंजन, जिनमें कोष्ठक हों, पर कोष्ठक के भीतर कोष्ठक न हों) का कलन करते वक्त संक्रियाएं निम्न क्रम में संपन्न होती हैं : (1) पहले कोष्ठक में बंद संक्रियाएं संपन्न होती हैं; गुणा और भाग की संक्रियाएं अपने दिये हुए क्रम में संपन्न होती हैं, पर जोड़ और घटाव से पहले पूरी की जाती हैं; (2) इसके बाद बाकी संक्रियाएं संपन्न होती हैं—गुणा-भाग की संक्रियाएं अपने दिये हुए क्रम में, पर जोड़-घटाव के पहले।

उदाहरण 2. $2\cdot 5-3\cdot 3$. पहले गुणा खत्म करते हैं : $2\cdot 5=10$, $3\cdot 3=9$; इसके बाद घटाते हैं : $10-9=1$।

उदाहरण 3. $9+16:4-2\cdot(16-2\cdot 7+4)+6\cdot(2+5)$

पहले कोष्ठकों में बंद संक्रियाएं पूरी करते हैं :

$$16-2\cdot 7+4=16-14+4=6;\ 2+5=7.$$

अब बाकी संक्रियाएं पूरी करते हैं :

$9+16:4-2\cdot6+6\cdot7=9+4-12+42=43.$

संक्रिया-क्रम दिखाने के लिए अक्सर कोष्ठकयुक्त व्यंजनों को भी कोष्ठक में बंद करना पड़ता है। इस स्थिति में **छोटे कोष्ठक** के अतिरिक्त **मँझले** { } और **बड़े** [ ] कोष्ठकों का भी उपयोग करना पड़ता है। ऐसे व्यंजनों के कलन में संक्रिया-क्रम निम्न रखा जाता है: पहले सभी छोटे कोष्ठकों के भीतर की संक्रियाओं को उपरोक्त क्रम में संपन्न किया जाता है; इसके बाद सभी मँझले कोष्ठकों के भीतर की संक्रियाओं को उपरोक्त क्रम में संपन्न किया; फिर सभी बड़े कोष्ठकों के भीतर की संक्रियाओं को, आदि; और अंत में बाकी संक्रियाएं पूरी होती हैं।

उदाहरण 4. $5+2\times\{14-3\cdot(8-6)\}+32:(10-2\cdot3).$

पहले छोटे कोष्ठकों के भीतर की संक्रियाएं पूरी करते हैं :

$$8-6=2;\ 10-2\cdot3=10-6=4;$$

मँझले कोष्ठक में : $14-3\cdot2=8$; बाकी संक्रियाएं पूरी करके प्राप्त करते हैं :

$$5+2\cdot8+32:4=5+16+8=29.$$

उदाहरण 5. $[100-\{35-(30-20)\}]\cdot2.$

संक्रिया-क्रम : $30-20=10;\ 35-10=25;\ 100-25=75;$

$$75\cdot2=150.$$

विभाज्यता के लक्षण

2 से विभाज्यता के लक्षण. 2 से विभाज्य संख्या को **सम संख्या** कहते हैं और अविभाज्य को—**विषम संख्या**। *दो से विभाजित होने वाली संख्या के अंत में* (इकाई श्रेणी के स्थान पर) *सम संख्या द्योतित करने वाला अंक होता है, या शून्य होता है।*

उदाहरण. संख्या 52 738 संख्या 2 से विभाजित होती है, क्योंकि इसमें अंतिम अंक 8 सम संख्या है; 7691 संख्या 2 से विभाजित नहीं होती है, क्योंकि इसमें अंतिम अंक 1 विषम संख्या है, 1250 संख्या 2 से विभाजित होती है, क्योंकि इसमें अंतिम अंक शून्य है।

4 से विभाज्यता के लक्षण. *4 से विभाज्य संख्या के अंतिम दो अंक शून्य होते हैं, या 4 से विभाज्य संख्या बनाते हैं।* अन्य संख्याएं 4 से अविभाज्य हैं।

उदाहरण. 31 700 को 4 से विभाजित किया जा सकता है, क्योंकि इसमें

अंतिम दोनों अंक शून्य हैं; 2 15 634 को 4 से विभाजित नहीं किया जा सकता, क्योंकि अंतिम दो अंकों से बनी संख्या 34 को 4 से विभाजित नहीं किया जा सकता; 16 608 को 4 से विभाजित किया जा सकता है, क्योंकि आखिरी दो अंकों 08 से संख्या 8 बनती है, जो 4 से विभाज्य है।

8 से विभाज्यता के लक्षण. पिछले लक्षणों की तरह ही हैं। *8 से विभाज्य संख्या के अंतिम तीन अंक शून्य होते हैं, या अंतिम तीन अंक 8 से विभाज्य संख्या बनाते हैं।* अन्य स्थितियों में संख्या 8 से विभाजित नहीं होती।

उदाहरण. 120 000 संख्या 8 से विभाज्य है (आखिरी तीन अंक शून्य हैं); 170 004 संख्या 8 से अविभाज्य है (अंतिम तीन अंक 004 से बनने वाली संख्या 4 को 8 से विभाजित नहीं किया जा सकता); 111 120 संख्या 8 से विभाज्य है (अंतिम तीन अंकों से बनी संख्या 120 संख्या 8 से विभाजित होती है)। इस प्रकार के लक्षण 16, 32,64, आदि संख्याओं से विभाज्यता के लिए भी दिखाये जा सकते हैं, पर इनका व्यावहारिक महत्त्व नहीं है।

3 और 9 से विभाज्यता के लक्षण. *3 से सिर्फ वे संख्याएं विभाजित होती हैं, जिनके अंकों का संकल 3 से विभाज्य है; 9 से सिर्फ वे संख्याएं विभाजित होती हैं, जिनके अंकों का संकल 9 से विभाज्य है।*

उदाहरण. 17 835 संख्या 3 से विभाज्य है, पर संख्या 9 से अविभाज्य है, क्योंकि इसके अंकों का संकल $1+7+8+3+5=24$ संख्या 3 से विभाज्य है, पर 9 से नहीं। 106 499 न तो 3 से विभाज्य है, न 9 से ही, क्योंकि इसके अंकों का संकल (29) न तो 3 से विभाज्य है, न 9 से। संख्या 52 632 को 9 से विभाजित किया जा सकता है, क्योंकि इसके अंकों का संकल (18) 9 से विभाज्य है।

6 से विभाज्यता का लक्षण. *संख्या 6 से विभाज्य है, यदि वह 2 और 3 दोनों से ही विभाज्य है; अन्यथा नहीं।*

उदाहरण. 126 संख्या 6 से विभाज्य है, क्योंकि यह 2 और 3 से विभाज्य है।

5 से विभाज्यता के लक्षण. *5 से विभाज्य संख्या का अंतिम अंक 0 या 5 होता है।* दूसरी संख्याएं 5 से अविभाज्य हैं।

उदाहरण. 5 से 240 विभाज्य है, क्योंकि इसका अंतिम अंक शून्य है; 5 से 554 (अंतिम अंक 4 होने की वजह से) अविभाज्य है।

25 से विभाज्यता के लक्षण. 25 से विभाज्य संख्याओं के अंतिम दो अंक शून्य होते हैं, या अंतिम दो अंक 25 से विभाज्य संख्या बनाते हैं (अन्य शब्दों में,

25 से विभाज्य संख्याओं के अंतिम दो अंक 00, 25, 50 या 75 होते हैं)।

उदाहरण. 25 से 7 150 विभाज्य है (क्योंकि 50 पर अंत है), पर 4855 अविभाज्य है।

10, 100, 1000 से विभाज्यता के लक्षण. *10 से सिर्फ वे संख्याएं विभाज्य हैं, जिनका अंतिम अंक शून्य है; 100 से सिर्फ वे संख्याएं विभाज्य हैं, जिनके अंतिम दो अंक शून्य होते हैं; 1000 से सिर्फ वे संख्याएं विभाज्य हैं, जिनके अंतिम तीन अंक शून्य होते हैं।*

उदाहरण. 8200 संख्या 10 व 100 से विभाज्य है; 542 000 संख्या 10, 100 व 1000 से विभाज्य है।

11 से विभाज्यता का लक्षण. *11 से सिर्फ ऐसी संख्या विभाजित होती है, जिसमें सम स्थानों के अंकों का संकल विषम स्थानों के अंकों के संकल से शून्य का अंतर रखता है, या 11 से विभाज्य किसी संख्या का।*

उदाहरण. 11 से 103 785 विभाज्य है, क्योंकि इसमें विषम स्थानों के अंकों के संकल $1+3+8=12$ और सम स्थानों के अंकों के संकल $0+7+5=12$ का अंतर शून्य है (दोनों बराबर हैं)। संख्या 91 63 627 भी 11 से विभाज्य है, क्योंकि इसमें विषम स्थानों के अंकों का संकल $9+6+6+7=28$ है और सम स्थानों के अंकों का संकल $1+3+2=6$ है; दोनों संकलों का अंतर $28-6=22$ है, जो 11 से विभाज्य है। 11 से 4 61 025 अविभाज्य है, क्योंकि संख्याओं $4+1+2=7$ और $6+0+5=11$ का अंतर $11-7=4$ है, जो न तो शून्य है, न 11 से विभाज्य ही।

उपरोक्त संख्याओं के अतिरिक्त अन्य संख्याओं से भी विभाज्यता के लक्षण हैं, पर वे अधिक जटिल हैं।

§27. रूढ़ और गुणज संख्याएं

1 के अतिरिक्त अन्य सभी पूर्ण संख्याओं के कम से कम दो विभाजक हैं—इकाई (एक) और स्वयं संख्या। जिन संख्याओं का और कोई विभाजक नहीं होता, वे **रूढ़** (या आद्य) कहलाती हैं। जिन संख्याओं के और भी विभाजक होते हैं, उन्हें **गुणज** (या यौगिक) कहते हैं। उदाहरणतः, 7, 41, 53 रूढ़ संख्याएं हैं; 21 गुणज संख्या है (इसके विभाजक हैं 1, 3, 7, 21), 81 भी एक गुणज संख्या है (इसके विभाजक हैं 1, 3, 9, 27, 81)।

संख्या 1 (इकाई) की गणना रूढ़ संख्याओं में की जा सकती है, पर बेहतर होगा कि इसे एक अलग विशेष वर्ग में रखा जाये, जिसमें न तो रूढ़ संख्याएं

आती हों, न गुणज ही। इसका कारण है कि बहुत से नियम, जो बाकी सभी रूढ़ संख्याओं के लिए सत्य हैं, इकाई पर लागू नहीं होते।

रूढ़ संख्याएं असंख्य हैं।

200 से कम की रूढ़ संख्याएं निम्न हैं, (और भी दे. § *10. रूढ़ संख्याएं < 6000*) :

$$\left.\begin{array}{l} 2, 3, 5, 7, 11, 13, 17, 19, 23, 29, 31, 37, 41, \\ 43, 47, 53, 59, 61, 67, 71, 73, 79, 83, 89, 97, \\ 101, 103, 107, 109, 113, 127, 131, 137, 139, \\ 149, 151, 157, 163, 167, 173, 179, 181, 191, \\ 193, 197, 199. \end{array}\right\} \quad (A)$$

रूढ़ गुणकों तक खंडन (गुणनखंड करना)

प्रत्येक गुणज संख्या को रूढ़ संख्याओं के गुणन के रूप में एकमात्र विधि से व्यक्त किया जा सकता है। यथा, $36=2\cdot2\cdot3\cdot3=2^2\cdot3^2$; $45=3\cdot3\cdot5=3^2\cdot5$ (या $3^2\cdot5^1$); $150=2\cdot3\cdot5\cdot5=2\cdot3\cdot5^2$ (या $2^1\cdot3^1\cdot5^2$) [गुणक के रूप में प्रयुक्त रूढ़ संख्याएं **रूढ़ गुणक** हैं; गुणज संख्या को गुणकों (या रूढ़ गुणकों) में तोड़ना **गुणनखंड करना** है]। छोटी संख्याओं के गुणनखंड अटकल द्वारा आसानी से किया जा सकता है। बड़ी संख्याओं के लिए निम्न विधि का प्रयोग कर सकते हैं।

उदाहरण 1. मान लें कि दी गयी संख्या 1 421 है। § 27 की सारणी (A) की रूढ़ संख्याओं का एक-एक कर परीक्षण करते हैं। विभाज्यता-लक्षणों के आधार पर हम देखते हैं कि संख्याएं 2, 3, 5 संख्या 1421 का विभाजक नहीं हो सकती हैं। इसे सात से विभाजित करने का प्रयत्न करते हैं; देखते हैं कि 7 से 1 421 विभाजित हो जाता है और भागफल 203 मिलता है। खड़ी लकीर की बायीं ओर संख्या 1 421 लिखते हैं; दायीं ओर इसका विभाजक 7 लिखते हैं; विचाराधीन संख्या के नीचे भागफल 203 लिखते हैं।

आलेख :

1421	7
203	7
29	29

इसी प्रकार, अब संख्या 203 के लिए परीक्षण करते हैं। संख्याएं 2, 3, 5 पहले ही बेकार साबित हो चुकी हैं, इसलिए हम सीधे 7 के परीक्षण से शुरू करते हैं। पता चलता है कि 7 से 203 विभाज्य है; उसे 203 के सामने (लकीर की दायीं ओर) लिखते हैं। 203 के नीचे भागफल 29 लिखते हैं। चूंकि संख्या 29 रूढ़ है, इसलिए गुणनखंड की क्रिया पूरी हो चुकी है। फल है :

$$1421=7\cdot7\cdot29=7^2\cdot29.$$

इस सामान्य विधि को कभी-कभी सरल बनाया जा सकता है।

उदाहरण 2. संख्या 12 37 600 को रूढ़ गुणकों में तोड़ते हैं। यह देख कर कि, 12 37 600 = 12 376 × 100, दोनों सहगुणकों को अलग-अलग तोड़ते हैं, दूसरा सहगुणक तुरंत टूट जाता है : $100 = 10 \cdot 10 = 2 \cdot 5 \cdot 2 \cdot 5 = 2^2 \cdot 5^2$। प्रथम सहगुणक को निम्न विधि से तोड़ते हैं।

आलेख :

12 376	2
6 188	2
3 094	2
1 547	7
221	13
17	17

सारणी (A) से प्रथम रूढ़ संख्या 2 लेते हैं। विभाज्यता-लक्षण से स्पष्ट है कि 2 से 12 376 विभाज्य है। भाग देने पर 6 188 मिलता है और हम सारणी (A) से पुनः संख्या 2 लेते हैं। दूसरा भागफल 3094 भी एक सम संख्या है, अतः उसमें भी 2 से भाग देते हैं। भागफल 1547 अब 2 से अविभाज्य है। विभाज्यता-लक्षण दिखाते हैं कि यह संख्या न तो 3 से विभाजित होती है, न 5 से। 1547 में 7 से भाग देने की कोशिश करते हैं ; भागफल मिलता है 221। एक बार फिर 7 से भाग देने की कोशिश करते हैं। भाग नहीं होता। तब अगली रूढ़ संख्याओं का परीक्षण करते हैं। 11 से 221 नहीं कटता, पर 13 से कट जाता है; भागफल के रूप में रूढ़ संख्या 17 मिलती है।

फल : $12\ 37\ 600 = 2^3 \cdot 7 \cdot 13 \cdot 17 \cdot 2^2 \cdot 5^2 = 2^5 \cdot 5^2 \cdot 7 \cdot 13 \cdot 17$.

महत्तम समष्टिक विभाजक

ऐसी संख्या, जो कई संख्याओं में से प्रत्येक को विभाजित करती है, उनका **समष्टिक विभाजक** कहलाती है (विभाजित करना और विभाजक दे § 24, परिभाषा 4 के अंतर्गत)। उदाहरणार्थ, संख्या 12, 18, 30 का समष्टिक विभाजक 3 है; संख्या 2 भी उनका एक समष्टिक विभाजक है। किन्हीं दी हुई संख्याओं के सभी समष्टिक विभाजकों के बीच हमेशा ही एक सबसे बड़ा समष्टिक विभाजक भी होता है। हमारे उदाहरण में यह है—संख्या 6। इस संख्या को **महत्तम समष्टिक विभाजक** [**महत्तम समापवर्तक**] कहते हैं (संक्षेप में MSW) और इसे $W(12, 18, 30)$ द्वारा द्योतित करते हैं; अतः $W(12, 18, 30) = 6$।

उदाहरण. संख्या 16, 20, 28 का MSW संख्या 4 है; संख्या 5, 30, 60, 90 का MSW संख्या 5 है।

यदि संख्याएं बड़ी नहीं हैं, तो उनका MSW आसानी से 'टटोल' कर **ज्ञात** कर लिया जा सकता है। यदि संख्याएं बड़ी हैं, तो प्रत्येक को रूढ़ गुणकों में

तोड़ते हैं (दे. § 28) और उन गुणकों को अलग लिख लेते हैं, जो सभी प्रदत्त संख्याओं में उपस्थित होते हैं। ऐसे प्रत्येक गुणक को हम उस निम्नतम घात के साथ लेते हैं, जिसके साथ वह दी हुई संख्याओं में निहित रहता है। इसके बाद उन्हें गुणा कर देते हैं।

उदाहरण 1. संख्या 252, 441, 1080 का MSW ज्ञात करें। प्रत्येक का गुणनखंड करते हैं :

$252 = 2^2 \cdot 3^2 \cdot 7$; $441 = 3^2 \cdot 7^2$; $1080 = 2^3 \cdot 3^3 \cdot 5$.

रूढ़ गुणक 3 दी हुई संख्याओं के लिए समष्टिक (सामान्य) है; निम्नतम घात, जिसके साथ वह प्रदत्त संख्याओं में उपस्थित है, 2 के बराबर है। अतः $MSW = 3^2 = 9$।

उदाहरण 2. संख्या 234, 1080, 8100 का MSW ज्ञात करें।

$234 = 2 \cdot 3^2 \cdot 13$; $1080 = 2^3 \cdot 3^3 \cdot 5$; $8100 = 2^2 \cdot 3^4 \cdot 5^2$.

$MSW = 2 \cdot 3^2 = 18$.

ऐसा भी हो सकता है कि प्रदत्त संख्याओं के लिए कोई रूढ़ गुणक समष्टिक हो ही नहीं। इस स्थिति में महत्तम समष्टिक विभाजक 1 होगा। उदाहरणतया, संख्या $15 = 3 \cdot 5$, $10 = 2 \cdot 5$, $6 = 2 \cdot 3$ के लिए $MSW = 1$। यदि दो संख्याओं का $MSW = 1$ हो, तो वे परस्पर रूढ़ (**व्यतिरूढ़**) या सापेक्षिकतः रूढ़ संख्याएं कहलाती हैं।

लघुतम समष्टिक अपवर्त्य

ऐसी संख्या, जो कई संख्याओं में से प्रत्येक के लिए अपवर्त्य हो, उन संख्याओं का **समष्टिक अपवर्त्य** कहलाती है (अपवर्त्य दे. § 24 : 4)। यथा, संख्या 15, 6, 10 का समष्टिक अपवर्त्य 180 है, पर इनकी समष्टिक अपवर्त्य संख्या 90 भी है। सभी समष्टिक अपवर्त्यों के बीच एक लघुतम (सबसे छोटा) भी होता है, जो हमारी स्थिति में 30 है। इस संख्या को **लघुतम समष्टिक अपवर्त्य** (LSA) [या **लघुतम समापवर्त्य**] कहते हैं और A (15, 6, 10) द्वारा द्योतित करते हैं, अतः A (15, 6, 10) = 30।

यदि संख्याएं बड़ी नहीं हैं, तो उनका LSA अटकल-चुनाव से ज्ञात कर सकते हैं। यदि संख्याएं बड़ी हैं, तो निम्न विधि का उपयोग करते हैं : दी हुई संख्याओं को रूढ़ गुणकों में खंडित करते हैं और उन रूढ़ गुणकों को अलग-से लिख लेते हैं, जो कम से कम एक दी हुई संख्या में गुणनखंड के रूप में उपस्थित हों, ऐसे प्रत्येक गुणक को हम उस महत्तम घात के साथ लेते हैं, जिसमें वह दी हुई

संख्याओं में मिलता है। इन गुणकों को आपस में गुणा कर देते हैं।

उदाहरण 1. संख्या 252, 441, 1080 का LSA ज्ञात करें।

गुणनखंड करते हैं : $252=2^2\cdot3^2\cdot7$; $441=3^2\cdot7^2$; $1080=2^3\cdot3^3\cdot5$ गुणकों $2^3\cdot3^3\cdot7^2\cdot5$ को आपस में गुणा करते हैं, LSA = 52 920।

उदाहरण 2. संख्या 234, 1080, 8100 का LSA ज्ञात करें (दे. § 29, उदाहरण 2)। $LSA=2^3\cdot3^4\cdot13\cdot5^2=210600$।

§ 31. सरल भिन्न

सरल भिन्न (संक्षेप में, सिर्फ **भिन्न**) इकाई के *अंश को कहते हैं, या* इकाई के *कतिक* (कई एक) *तुल्य अंशों को कहते हैं।* इकाई को कितने अंशों में बांटा गया है [इकाई का कौन-सा अंश है], यह दिखाने वाली संख्या भिन्न का **अंशनाम** [हर] कहलाती है; कितने अंश लिये गये हैं—यह दिखाने वाली संख्या भिन्न की **अंशसंख्या** [लव (या अंश भी)] कहलाती है।

लेख : $\frac{3}{5}$ या 3/5 (तीन बटा पाँच, या तीन पाँचवें अंश) में 3 अंशसंख्या है और 5 अंशनाम है।

यदि अंशसंख्या अंशनाम से कम हो, तो **उचित भिन्न** मिलता है : $\frac{3}{5}$ एक उचित भिन्न है। जब अंशसंख्या और अंशनाम बराबर होते हैं, तब भिन्न इकाई के बराबर हो जाता है। अंशसंख्या जब अंशनाम से अधिक होती है, तब भिन्न का मान इकाई से अधिक होता है। आखिरी दोनों प्रकार के भिन्न **अनुचित भिन्न** कहलाते हैं। यथा, $\frac{5}{5}$ और $\frac{17}{5}$ अनुचित भिन्न हैं।

अनुचित भिन्न में से उसमें निहित महत्तम पूर्ण संख्या को अलग करना. इसके लिए अंशसंख्या को अंशनाम से भाजित करते हैं; यदि वह बिना शेष विभाजित हो जाती है, तो इस अनुचित भिन्न का मान भागफल के बराबर होता है। यथा, $\frac{45}{5}=45:5=9$। यदि भाग में शेष आता है, तो (अपूर्ण) भागफल ही इष्ट पूर्ण संख्या होता है [यह भिन्न का **पूर्णांक** या पूर्णांक वाला हिस्सा कहलाता है]। भिन्न वाले हिस्से (**भिन्नांक**) में अंशसंख्या का स्थान शेष ले लेता है; अंशनाम पहले जैसा ही रहता है।

उदाहरण. भिन्न $\frac{48}{5}$ प्रदत्त है। 48 को 5 से भाजित करते हैं। भागफल $=9$, शेष $=3$; $\frac{48}{5}=9\frac{3}{5}$ [नौ पूर्णांक तीन बटा पांच]।

संख्या, जिसमें पूर्णांक और भिन्नांक हों, **संयुत संख्या** कहलाती है (जैसे $9\frac{3}{5}$)। संयुत संख्या में भिन्नांक अनुचित भिन्न भी हो सकता है, जैसे $7\frac{13}{5}$; इस स्थिति में भिन्न वाले हिस्से में से महत्तम पूर्ण संख्या अलग कर ली जा सकती है

(दे. ऊपर) और संयुत संख्या को ऐसा रूप दिया जा सकता है, जिसमें भिन्न वाला हिस्सा (भिन्नांक) उचित भिन्न में परिणत हो जाय (या लुप्त ही हो जाय)। यथा, $7\frac{13}{5} = 7 + \frac{13}{5} = 7 + 2\frac{3}{5} = 9\frac{3}{5}$। संयुत संख्याओं को प्रायः इसी रूप में व्यक्त करते हैं।

अक्सर उल्टी क्रिया संपन्न करनी पड़ती है (जैसे भिन्नों के गुणन में) : प्रदत्त संयुत संख्या को (अनुचित) भिन्न के रूप में प्रस्तुत करना पड़ता है। इसके लिए (1) संयुत संख्या में निहित पूर्णांक को भिन्नांक के अंशनाम के साथ गुणित करते हैं और (2) गुणनफल में अंशसंख्या जोड़ देते हैं। योगफल इष्ट भिन्न की अंशसंख्या होगा; उसका अंशनाम पहले जैसा ही रहेगा।

उदाहरण. संयुत संख्या $9\frac{3}{5}$ दी गयी है। (1) $9 \cdot 5 = 45$;
(2) $45 + 3 = 48$; (3) $9\frac{3}{5} = \frac{48}{5}$।

भिन्न का कर्तन और प्रसारण

भिन्न की अंशसंख्या और उसके अंशनाम में एक ही संख्या से गुणा करने पर भिन्न का मान नहीं बदलता। यथा,

$$\frac{3}{5} = \frac{3.6}{5.6} = \frac{18}{30};\ \frac{1}{2} = \frac{1.3}{2.3} = \frac{3}{6};\ \frac{1}{2} = \frac{1.4}{2.4} = \frac{4}{8}$$

भिन्न के इस रूपांतरण को **भिन्न का प्रसारण** कहेंगे। यह भी कहेंगे कि भिन्न $\frac{3}{5}$ का "6 से प्रसारण" करने पर भिन्न $\frac{18}{30}$ प्राप्त होता है। ऐसे रूपांतरण की आवश्यकता अक्सर पड़ती रहती है (जैसे भिन्नों के जोड़ में) और यह भिन्न के कर्तन से कम महत्त्वपूर्ण क्रिया नहीं है (पर अभी तक इसे कोई विशेष नाम नहीं दिया गया है)।

भिन्न की अंशसंख्या और उसके अंशनाम में एक ही संख्या से भाग देने पर भिन्न का मान अपरिवर्तित रहता है। यथा,

$$\frac{18}{30} = \frac{18:6}{30:6} = \frac{3}{5};\ \frac{4}{8} = \frac{4:4}{8:4} = \frac{1}{2}।$$

भिन्नों के इस रूपांतरण का नाम है **भिन्न का कर्तन** [भिन्न को काटना या सरल करना]। कहते हैं कि भिन्न $\frac{18}{30}$ को "6 से काटने पर" भिन्न $\frac{3}{5}$ मिलता है [यहां 6 **कर्तक** है]।

भिन्न को तभी काटा जा सकता है, जब उसकी अंशसंख्या और उसका अंशनाम एक ही संख्या से विभाजित हो सके (अर्थात् जब वे व्यतिरूढ़ न हों, दे. § 29)। कर्तन सीधे MSW (दे. § 29) से संपन्न किया जा सकता है, या धीरे-धीरे।

उदाहरण. भिन्न $\frac{108}{144}$ को काटें। विभाज्यता के लक्षणों (दे. § 26)

से स्पष्ट होता है कि अंशसंख्या और अंशनाम दोनों ही का समष्टिक विभाजक है संख्या 4। 4 से काटने पर : $\frac{108}{144}=\frac{108:4}{144:4}=\frac{27}{36}$। चूंकि 27 और 36 का समष्टिक विभाजक 9 है, इसलिए $\frac{27}{36}$ को 9 से काटते हैं : $\frac{27}{36}=\frac{3}{4}$। अब और काटना संभव नहीं है (3 और 4 व्यतिरूढ़ संख्याएं हैं)।

यही परिणाम तब भी मिलेगा, जब हम भिन्न को सीधे 108 और 144 के महत्तम समष्टिक विभाजक ($=36$) से काटेंगे :

$$\frac{108}{144}=\frac{108:36}{144:36}=\frac{3}{4}$$

महत्तम समष्टिक विभाजक से काटने पर **अकट भिन्न** मिलता है [जो आगे नहीं कट सकता]।

भिन्नों की तुलना. समष्टिक अंशनाम देना

समान अंशसंख्या वाले दो भिन्नों में से बड़ा वह होता है, जिसका अंशनाम कम होता है। यथा, $\frac{1}{3}>\frac{1}{4}$, $\frac{5}{7}>\frac{5}{9}$ समान अंशनाम वाले दो भिन्नों में से बड़ा वह होता है, जिसकी अंशसंख्या अधिक होती है। यथा, $\frac{5}{8}>\frac{3}{8}$।

यदि दो भिन्नों में न तो अंशसंख्याएं समान हों, न अंशनाम ही समान हों, तो उनकी तुलना के लिए उन्हें इस प्रकार रूपांतरित करते हैं कि दोनों भिन्नों में समान अंशनाम हो जायें। इसके लिए प्रथम भिन्न का दूसरे के अंशनाम से प्रसारण करते हैं और दूसरे भिन्न का प्रथम भिन्न के अंशनाम से प्रसारण करते हैं (प्रसारण दे. § 32)।

उदाहरण. भिन्न $\frac{3}{8}$ और $\frac{7}{12}$ की तुलना करें। प्रथम भिन्न का 12 से प्रसारण करते हैं और दूसरे का 8 से : $\frac{3}{8}=\frac{36}{96}$; $\frac{7}{12}=\frac{56}{96}$। अब अंशनाम समान हो गए हैं और अंशसंख्याओं की तुलना करके देखते हैं कि दूसरा भिन्न पहले से अधिक है।

भिन्नों का ऐसा रूपांतरण **भिन्नों को समष्टिक अंशनाम देना** कहलाता है।

दो से अधिक भिन्नों को समष्टिक अंशनाम देने के लिए प्रत्येक का प्रसारण करते हैं—बाकी के अंशनामों के गुणनफल से। यथा, भिन्न $\frac{3}{8}$, $\frac{5}{6}$, $\frac{2}{5}$ को समष्टिक अंशनाम देने के लिए पहले का प्रसारण $5\cdot6=30$ से, दूसरे का $8\cdot5=40$ से, और तीसरे का $8\cdot6=48$ से करते हैं। प्राप्त होता है : $\frac{3}{8}=\frac{90}{240}$; $\frac{5}{6}=\frac{200}{240}$; $\frac{2}{5}=\frac{96}{240}$। समष्टिक अंशनाम सभी प्रदत्त भिन्नों के अंशनामों का गुणनफल ($8\cdot6\cdot5=240$) होगा।

समष्टिक अंशनाम देने की यह विधि सरलतम है और कई परिस्थितियों में सबसे व्यावहारिक भी है। इससे एकमात्र असुविधा यह है कि समष्टिक अंशनाम

बहुत बड़ा हो जा सकता है, जबकि छोटा अंशनाम भी चुना जा सकता है। समष्टिक अंशनाम के रूप में प्रदत्त अंशनामों का कोई भी समष्टिक अपवर्त्य लिया जा सकता है (विशेषकर लघुतम समष्टिक अपवर्त्य)। इसके लिए प्रत्येक भिन्न का प्रसारण उस भागफल द्वारा किया जाता है, जो समष्टिक अपवर्त्य में विचाराधीन भिन्न के अंशनाम से भाग देने से प्राप्त होता है। (इस भागफल को **अतिरिक्त गुणक** कहते हैं)।

उदाहरण. भिन्न $\frac{3}{8}, \frac{5}{6}, \frac{2}{5}$ प्रदत्त हैं। अंशनामों का लघुतम समष्टिक अपवर्त है 120। अतिरिक्त गुणक हैं (क्रमशः) : 120 : 8 = 15 ; 120 : 6 = 20 ; 120 : 5 = 24। प्रथम भिन्न का प्रसारण 15 से करते हैं, दूसरे का 20 से, तीसरे का 24 से। प्राप्त होता है :

$$\frac{3}{8}=\frac{45}{120}\,;\ \frac{5}{6}=\frac{100}{120}\,;\ \frac{2}{5}=\frac{48}{120}$$

अंकगणित की पुस्तकों में समष्टिक अंशनाम देने की सिर्फ यही विधि अक्सर वर्णित होती है। यह व्यावहारिक भी है, पर सिर्फ उसी परिस्थिति में, जब लघुतम समष्टिक अपवर्त्य (LSA) अटकल-चुनाव द्वारा आसानी से ज्ञात हो जाता है। यदि ऐसी परिस्थिति नहीं है, तो लघुतम समष्टिक अपवर्त्य और अतिरिक्त गुणकों को ज्ञात करने में ढेर सारा समय नष्ट हो जाता है। इसके अलावा, अक्सर ऐसा होता है कि अंशनामों के गुणनफल से LSA कुछ खास कम नहीं होता, या बिल्कुल ही कम नहीं होता, और तब खर्च किया गया समय और श्रम बिल्कुल बेकार हो जाता है।

भिन्नों का जोड़ और घटाव

यदि भिन्नों के अंशनाम समान हैं, तो उन्हें जोड़ने के लिए उनकी अंशसंख्याओं को जोड़ना चाहिए, और घटाने के लिए व्यवकल्य की अंशसंख्या में से व्यवकारी की अंशसंख्या को घटाना चाहिए; प्राप्त योगफल या अंतर इष्टफल की अंशसंख्या होगा; अंशनाम पहले जैसा ही रहेगा।

यदि भिन्नों के अंशनाम असमान हैं, तो सबसे पहले भिन्नों को समष्टिक अंशनाम दे देना चाहिए।

उदाहरण 1. $\frac{5}{8}+\frac{7}{8}=\frac{12}{8}=1\frac{4}{8}=1\frac{1}{2}$।

उदाहरण 2. $\frac{3}{8}+\frac{5}{6}-\frac{2}{5}=\frac{45}{120}+\frac{100}{120}-\frac{48}{120}=\frac{97}{120}$।

यदि संयुत संख्या को जोड़ना है, तो पूर्णांकों का योगफल अलग ज्ञात करते हैं और भिन्नांकों का योगफल अलग।

उदाहरण 3. $7\frac{3}{4}+4\frac{5}{6}=(7+4)+(\frac{3}{4}+\frac{5}{6})=11\frac{19}{12}=12\frac{7}{12}$।

संयुत संख्याओं के घटाव में व्यवकारी का भिन्नांक व्यवकल्य के भिन्नांक से अधिक हो सकता है। इस स्थिति में व्यवकल्य का भिन्नांक अपने पूर्णांक से इकाई "कर्ज" ले कर अनुचित भिन्न में परिणत हो जाता है।

उदाहरण 4. $7\frac{1}{4}-4\frac{1}{3}=7\frac{3}{12}-4\frac{4}{12}=6\frac{15}{12}-4\frac{4}{12}=2\frac{11}{12}$ ।

उदाहरण 5. $11-10\frac{5}{7}=10\frac{7}{7}-10\frac{5}{7}=\frac{2}{7}$ ।

भिन्नों का गुणा. परिभाषा

भिन्न में पूर्ण संख्या से गुणा और भाग करने में § 24 की परिभाषाओं 3 और 4 को सत्य माना जा सकता है। उदाहरणार्थ,

$$2\frac{3}{4}\times 3=2\frac{3}{4}+2\frac{3}{4}+2\frac{3}{4}=8\frac{1}{4}.$$

प्रतीपतः, $8\frac{1}{4} : 3=2\frac{3}{4}$ । कलन के व्यावहारिक नियम देखिए आगे।

भिन्न संख्या से गुणा करने में § 24 की परिभाषा लागू नहीं होती। यथा, संक्रिया $2\frac{1}{2}\cdot\frac{3}{4}$ पूरी नहीं की जा सकती, यदि इससे यह समझा जाय कि $2\frac{1}{2}$ को $\frac{3}{4}$ बार योज्य पदों के रूप में लेना है।

किसी संख्या (पूर्ण या भिन्न) में **भिन्न से** *गुणा करने का अर्थ है इस संख्या को भिन्न के अंशनाम से विभाजित करना और फल को अंशसंख्या से गुणित करना।*

उदाहरण. $800\cdot\frac{3}{4}$; $800 : 4=200$; $200\cdot 3=600$, अतः $800\cdot\frac{3}{4}=600$ । संक्रियाओं (भाग और गुणा) का क्रम बदला जा सकता है ; फल वही होगा : $800\cdot 3=2400$, $2400 : 4=600$ ।

उपरोक्त परिभाषा में कोई मनमानापन नहीं है। पूर्ण संख्याओं के साथ काम करने में गुणन-संक्रिया की जो व्यावहारिक और सैद्धांतिक भूमिका होती है, उसे सुरक्षित रखने की आवश्यकता से ही यह परिभाषा उद्‌भूत होती है। दो उदाहरणों से इसे स्पष्ट करते हैं।

उदाहरण. एक लीटर किरासन का भार 800 g है। 4 लीटर कितना भारी होगा ?

हल : $800\cdot 4=3200$ g $=3$ kg 200 g। उत्तर 4 से गुणा करने पर प्राप्त होता है।

$\frac{3}{4}$ लीटर किरासन कितना भारी होगा ?

हल : $800\cdot\frac{3}{4}=600$ g (दे. पिछला उदाहरण)।

यदि भिन्न के गुणा की कोई दूसरी परिभाषा दी जाती, तो हमें गलत उत्तर मिलता। यदि हम § 24 की परिभाषा के अनुसार $\frac{3}{4}$ से गुणा को असंभव मान लेते, तो किरासन के भार से संबंधित प्रश्नों को अलग-अलग संक्रियाओं द्वारा हल

करना पड़ता : लीटर की संख्या पूर्ण होने पर गुणा द्वारा, और भिन्न होने पर—किसी अन्य संक्रिया द्वारा।

यहां प्रश्न उठता है कि क्या एक ही बार ऐसी परिभाषा नहीं दी जा सकती, जिसके अनुसार पूर्ण संख्या से भी गुणा किया जा सके और भिन्न संख्या से भी ? पता चलता है कि यह असंभव है : भिन्न से गुणा की परिभाषा देने में यह मान कर चलना जरूरी हो जाता है कि पूर्ण संख्या से गुणा पहले से ज्ञात है (दे. ऊपर दी गयी परिभाषा)।

पूर्ण संख्याओं के गुणन में गुणकों के स्थान-परिवर्तन से गुणनफल में परिवर्तन नहीं होता : $3 \cdot 4 = 4 \cdot 3 = 12$। यह विशेषता भिन्न से गुणा करने में भी स्थिर रहती है। यथा, $\frac{2}{3} \cdot 3 = \frac{2}{3} + \frac{2}{3} + \frac{2}{3} = 2$; यह फल पुरानी परिभाषा (दे. § 24) के आधार पर मिला है। अब गुणकों का स्थान-परिवर्तन करें $3 \cdot \frac{2}{3}$; पुरानी परिभाषा अब काम नहीं आयेगी, पर नयी परिभाषा से— $3 \cdot \frac{2}{3} = 2$।

यूं देखा जाये, तो गुणा की नयी परिभाषा एक को छोड़ कर बाकी सभी विशेषताओं और नियमों को सुरक्षित रखती है : गुणा की पुरानी परिभाषा में संख्या का वर्धन होता है। गुणन का अर्थ ही है संख्या की आवृत्ति ; इसी से गुणन का दूसरा अर्थ मिलता है—बहुलता की प्राप्ति। लेकिन अब हमें कहना पड़ता है : इकाई से *बड़ी संख्या से गुणा* करने पर गुण्य का *वर्धन* होता है ; इकाई से कम *की संख्या* (अर्थात् उचित भिन्न) *से गुणा* करने पर गुण्य *घट* जाता है। इस आखिरी तथ्य का संक्रिया के नाम के साथ मेल नहीं बैठता, क्योंकि नाम "गुणन" उस समय दिया गया था, जब गुणा की अवधारणा सिर्फ पूर्ण संख्याओं के साथ संबंधित थी।

भिन्नों का गुणा. विधि

भिन्न में भिन्न से गुणा *करने के लिए अंशसंख्या में अंशसंख्या से गुणा करते हैं, और अंशनाम में अंशनाम से गुणा करते हैं। परिणाम एक भिन्न होता है, जिसमें अंशसंख्या प्रदत्त अंशसंख्याओं का गुणनफल होती है और अंशनाम प्रदत्त अंशनामों का गुणनफल होता है।* यदि कोई गुणक संयुत संख्या के रूप में होता है, तो पहले उसे अनुचित भिन्न में परिणत कर लेते हैं। गुणा के पहले ही अंशसंख्या का कोई भी गुणक अंशनाम के किसी भी गुणक के साथ समष्टिक विभाजक द्वारा काट लिया जा सकता है।

उदाहरण 1. $2\frac{1}{12} \cdot 1\frac{7}{20} = \frac{25}{12} \cdot \frac{27}{20} = \frac{5}{4} \cdot \frac{9}{4} = \frac{45}{16} = 2\frac{13}{16}$ (5 से 25 और 20 कटे हैं ; 3 से 12 और 27।

उपरोक्त बातें उस स्थिति में भी लागू होती हैं, जब गुणकों की संख्या दो से अधिक होती है।

उदाहरण 2. $4\frac{1}{2}\cdot\frac{4}{7}\cdot4\frac{2}{3}=\frac{9.4.14}{2.7.3}=\frac{3.2.2}{1.1.1}=12$ (9 और 3 कटे हैं 3 से, 4 और 2—2 से, 14 और 7—7 से)।

यदि कोई गुणक पूर्ण संख्या है, तो उसे भी भिन्न मान लिया जाता है, जिसका अंशनाम 1 होता है।

उदाहरण 3. $\frac{5}{8}\cdot7\cdot\frac{4}{15}=\frac{5.7.4}{8.1.15}=\frac{1.7.1}{2.1.3}=\frac{7}{6}=1\frac{1}{6}$ (5 से 5 और 15 कटे हैं; 4 से 8 और 4)।

भिन्नों का भाग

§ 24 में दी गई भाग की परिभाषा भिन्नों के भाग के लिए भी सही है। इससे निम्न विधि मिलती है :

किसी संख्या को भिन्न से भाजित करने के लिए उस संख्या में प्रदत्त भिन्न के प्रतीप से गुणा करना पड़ता है (किसी भिन्न में अंशसंख्या और अंशनाम के स्थानों की अदला-बदली कर देने से **प्रतीप भिन्न** या भिन्न का प्रतीप प्राप्त होता है)।

उदाहरण 1. $\frac{2}{3}:\frac{4}{15}$ । $\frac{4}{15}$ का प्रतीप है $\frac{15}{4}$ । अतः $\frac{2}{3}:\frac{4}{15}=\frac{2}{3}\cdot\frac{15}{4}=2\frac{1}{2}$ ।

उदाहरण 2. $1\frac{3}{5}:3\frac{1}{5}=\frac{8}{5}:\frac{16}{5}=\frac{8.5}{5.16}=\frac{1.1}{1.2}=\frac{1}{2}$.

यह विधि उस स्थिति में भी लागू होती है, जब भाज्य और भाजक दोनों ही सिर्फ पूर्णांक होते है। यथा, $2:5=2\cdot\frac{1}{5}=\frac{2}{5}$ । इसीलिए बटे की लकीर भाग के चिह्न के समतुल्य होती है।

शून्य के साथ संक्रियाएं

जोड़. किसी संख्या में शून्य जोड़ने से संख्या अपरिर्वातित रहती है : $5+0=5$; $3\frac{5}{7}+0=3\frac{5}{7}$ ।

घटाव. किसी संख्या में से शून्य घटाने पर संख्या अपरिर्वातित रहती है : $5-0=5$; $3\frac{5}{7}-0=3\frac{5}{7}$ ।

गुणा. शून्य से किसी भी संख्या में गुणा करने पर गुणनफल शून्य होता है : $5\cdot0=0$; $0\cdot3\frac{5}{7}=0$; $0\cdot0=0$ ।

भाग. 1. शून्य में किसी शून्येतर संख्या से भाग देने पर भागफल शून्य मिलता है : $0 : 7 = 0$; $0 : \frac{3}{8} = 0$ ।

2. शून्य में शून्य से भाग देने पर भागफल अनिश्चित रहता है। इस स्थिति में कोई भी संख्या भागफल की परिभाषा (§ 24.4) को तुष्ट कर सकती है। उदाहरणार्थ, $0 : 0 = 5$ रख सकते हैं, क्योंकि $5 \cdot 0 = 0$; पर इसी तरह $0 : 0 = 3\frac{5}{7}$ भी रख सकते हैं, क्योंकि $3\frac{5}{7} \cdot 0 = 0$ भी सही है। हम कह सकते हैं कि शून्य में शून्य से भाग देने के प्रश्न के हल अनगिनत हैं और संक्रिया $0 : 0$ तब तक निरर्थक रहती है, जब तक कि अतिरिक्त सूचनाओं से यह पता न चले कि *भाज्य और भाजक के मान शून्य होने से पहले किस तरह वे परिवर्तित हो रहे* थे। यदि यह ज्ञात हो, तो अधिकतर स्थितियों में व्यंजन $0 : 0$ को निश्चित अर्थ दिया जा सकता है। यथा, यदि ज्ञात हो कि शून्य होने के पहले भाज्य क्रमश: $\frac{3}{100}, \frac{3}{1000}, \frac{3}{10000}$, आदि मान ग्रहण करता जा रहा था और भाजक इसी समय क्रमश: $\frac{7}{100}, \frac{7}{1000}, \frac{7}{10000}$, आदि मान ग्रहण कर रहा था, तो भागफल इस समय $\frac{3}{100} : \frac{7}{100} = \frac{3}{7}$, $\frac{3}{1000} : \frac{7}{1000} = \frac{3}{7}$, $\frac{3}{10000} : \frac{7}{10000} = \frac{3}{7}$, आदि मान ग्रहण कर रहा था, अर्थात् वह हर समय $\frac{3}{7}$ था ; अत: इस स्थिति में $0 : 0$ का भागफल $\frac{3}{7}$ माना जा सकता है।

इसे "0 : 0 की अनिश्चिति का उद्घाटन" कहते हैं (दे. § 258, उदा. 2)। इसके लिए उच्च गणित में कई व्यापक उदाहरणों का अध्ययन किया जाता है, पर बहुत सारी स्थितियों में सरल गणित के साधनों से भी काम चलाया जा सकता है।

3. किसी शून्येतर संख्या में शून्य से भाग का भागफल कोई अस्तित्व नहीं रखता, क्योंकि इस स्थिति में भागफल की परिभाषा (§ 24.4) को कोई भी संख्या तुष्ट नहीं करती।

उदाहरण के लिए $7 : 0$ लेते हैं। परीक्षण के लिए कोई भी संख्या लीजिए (जैसे 2, 3, 7), वह काम नहीं आयेगी (क्योंकि $2 \cdot 0 = 0$, $3 \cdot 0 = 0$, $7 \cdot 0 = 0$; जबकि हमें गुणनफल 7 चाहिए ; अर्थात् ऐसी कोई संख्या नहीं है, जिसमें 0 से गुणा करने पर गुणनफल 7 मिले, अत: भागफल की परिभाषा के अनुसार $7 : 0$ का अस्तित्व नहीं है)। हम कह सकते हैं कि शून्येतर संख्या में शून्य से भाग का प्रश्न कोई हल नहीं रखता।

पर शून्येतर संख्या में किसी ऐसी संख्या से भाग दिया जा सकता है, जो शून्य के यथासंभव निकट हो; और भाजक शून्य के जितना ही निकट होगा, भागफल उतना ही बड़ा होगा। अत: यदि 7 में $\frac{1}{10}, \frac{1}{100}, \frac{1}{1000}, \frac{1}{10000}$, आदि से भाग देंगे, तो 70, 700, 7000, 70000, आदि भागफल मिलेंगे,

जो असीम रूप से बढ़ते जायेंगे। इसलिए अक्सर कहा जाता है कि, 7 में 0 से भाग देने पर भागफल "अनंत बड़ा" या "अनंत के बराबर" होता है। लेख में इसे यूं व्यक्त करते हैं : $7 : 0 = \infty$। इस कथन का अर्थ है कि जब भाजक शून्य के निकट होता जाता है और भाज्य 7 के बराबर बना रहता है (या 7 के निकट होता जाता है), तब भागफल असीम रूप से बढ़ने लगता है।

§ 39. पूर्ण और खंड

1. पूर्ण से खंड ज्ञात करना. *संख्या का खंड (कोई भाग) ज्ञात करने के लिए उसमें इस खंड को व्यक्त करने वाले भिन्न से गुणा करते हैं।*

उदाहरण 1. समिति की सभा वैध मानी जाये, इसके लिए कम से कम $\frac{2}{3}$ सदस्यों की उपस्थिति चाहिए। समिति में 120 सदस्य हैं। कितने सदस्यों से सभा शुरू की जा सकती है?

हल. $120 \cdot \frac{2}{3} = 80$ सदस्य.

2. खंड से पूर्ण ज्ञात करना. *यदि संख्या के खंड (किसी भाग) का मान प्रदत्त हो, तो संख्या ज्ञात करने के लिए खंड के मान में खंड व्यक्त करने वाले भिन्न से भाग देते हैं।*

उदाहरण. किसी फल में उसके भार का $\frac{3}{5}$ भाग रस होता है। 420 kg रस प्राप्त करने के लिए कितने kg फल चाहिए?

हल. $420 : \frac{3}{5} = 700$ kg.

3. पूर्ण के अंशों में खंड की अभिव्यक्ति. *पूर्ण के अंशों में खंड को व्यक्त करने के लिए खंड में पूर्ण से भाग देते हैं।*

उदाहरण. कक्षा में 30 छात्र पढ़ते हैं, चार अनुपस्थित हैं; छात्रों का कौन-सा भाग अनुपस्थित है?

हल. $4 : 30 = \frac{4}{30} = \frac{2}{15}$.

[उदाहरण 1 में पूर्ण 120 है, खंड 80 है; खंड को पूर्ण के अंशों (या भाग) में व्यक्त करने वाला भिन्न $\frac{2}{3}$ है, अर्थात्

$$\frac{\text{खंड}}{\text{पूर्ण}} = \textbf{खंड का व्यंजक भिन्न}\ ]$$

§ 40. दशमलव भिन्न

सरल भिन्नों में यदि अंशनाम कुछ ब हों, तो कलन बहुत क्लिष्ट हो जाता

है। मुख्य कठिनाई भिन्नों को समष्टिक अंशनाम देने में होती है, क्योंकि उनके अंशनाम किसी भी संख्या के बराबर हो सकते हैं जिनके चयन के पीछे कोई प्रणाली नहीं होती। इसलिए पुरातन काल में ही इस विचार का जन्म हुआ कि इकाई के अंशों को (जो सरल भिन्न में अंशनाम की भूमिका निभाते हैं) मनमाने ढंग से नहीं, बल्कि प्रणालीबद्ध रूप से चुना जाये। प्राचीनतम **प्रणालीबद्ध भिन्न संख्या** साठ पर आधारित षष्टिभू भिन्न थे, जो ईसा से कोई 4000 वर्ष पूर्व बेबीलोन में प्रयुक्त होते थे, वहां से ये प्राचीन ग्रीक खगोलशास्त्रियों के मार्फत पश्चिम यूरोपीय खगोलशास्त्रियों तक पहुंचे (दे. § 22.4)। 16-वीं शती के अंत में, जब भिन्नों के साथ जटिल कलन जीवन के हर क्षेत्र में प्रयुक्त होने लगे, दूसरे प्रकार के प्रणालीबद्ध भिन्न—**दशभू** या **दशमलव भिन्न**—भी व्यवहार में आने लगे (दे. § 46)। इनमें इकाई को दस भागों (दशांशों) में बांटा जाता है, प्रत्येक दशांश को पुनः दस अंशों (शतांशों) में बांटा जाता है, आदि। अन्य प्रणालीबद्ध भिन्नों की तुलना में दशमलव या दशभू भिन्नों की उत्कृष्टता इस बात में है कि ये उसी प्रणाली पर आधारित हैं, जिस पर गिनती और पूर्ण संख्याओं के लेखन की विधि आधारित की गयी है। इसी कारणवश दशमलव भिन्नों के द्योतन और उनके साथ संक्रियाओं के नियम वस्तुतः वही रह जाते हैं, जो पूर्ण संख्याओं के लिए हैं।

दशमलव भिन्न लिखने में अंशों के नाम ("अंशनाम") द्योतित करने की आवश्यकता नहीं पड़ती; यह तदनुरूप अंकों के स्थान से ही स्पष्ट हो जाता है। पहले पूर्णांक लिखते हैं, उसके दायें **दशमलव का बिंदु** रखते हैं, जिसके बाद पहला अंक दशांशों की श्रेणी द्योतित करता है, दूसरा अंक शतांशों की, तीसरा—सहस्त्रांशों की, आदि। बिंदु के बाद (दायें) के अंक **दशमलव स्थान** कहलाते हैं (कुछ देशों में बिंदु की जगह अर्ध-विराम चिह्न (,) का उपयोग करते हैं)।

उदाहरण. 7.305 का अर्थ है सात पूर्णांक, तीन दशांश, पाँच सहस्त्रांश (शून्य दिखाता है कि शतांश अनुपस्थित हैं), अर्थात्

$$7.305 = 7 + \frac{3}{10} + \frac{0}{100} + \frac{5}{1000}$$

दशमलव भिन्नों की एक उत्कृष्टता इस बात में भी है कि भिन्नांक (भिन्न वाले हिस्से) को तुरत ही सरल भिन्न का रूप दिया जा सकता है :

$$7.305 = 7\frac{305}{1000};$$

बिंदु के बाद की संख्या (305) भिन्नांक की अंशसंख्या है; दशमलव के आखिरी स्थान के अंशों का नाम (हमारे उदाहरण में—सहस्त्रांश) बताने वाली संख्या (जैसे हजार) भिन्नांक का अंशनाम होती है।

यदि दशमलव भिन्न में पूर्णांक नहीं होता है, तो बिंदु के पहले शून्य लिखते हैं; जैसे—$\frac{35}{100} = 0.35$।

§ 41. दशमलव भिन्नों की विशेषताएं

1. दशमलव भिन्न के दायें बैठाये गये शून्यों से उसका मान परिवर्तित नहीं होता।

उदाहरण 12.7 = 12.70 = 12.700, आदि। (12.7 और 12.70 आदि लेखों में अंतर दे. § 49)।

2. दशमलव भिन्न में दायें अंत के शून्यों को हटा देने से उसके मान में परिवर्तन नहीं होता।

उदाहरण. 0.00830 = 0.0083. (जो शून्य अंत में नहीं हैं, उन्हें नहीं हटाना चाहिए)।

3. दशमलव बिंदु को एक, दो, तीन, आदि स्थान दायें खिसकाने से दशमलव भिन्न का मान 10, 100, 1000, आदि गुना अधिक हो जाता है।

उदाहरण. संख्या 13.058 सौ गुना अधिक हो जायेगी, यदि इस प्रकार से लिखेंगे : 1305.8।

4. दशमलव बिंदु को एक, दो, तीन आदि स्थान बायें खिसकाने से दशमलव भिन्न का मान 10, 100, 1000, आदि गुना कम हो जाता है।

उदाहरण. संख्या 176.24 दस गुना कम हो जायेगी, यदि 17.624 लिख दिया जाये ; और 1000 गुना कम हो जायेगी, यदि 0.17624 लिखा जाये।

इन विशेषताओं के कारण 10, 100, 1000, आदि संख्याओं से गुणा-भाग जल्द पूरा किया जा सकता है।

उदाहरण. 12.08·100 = 1208; 12.08·10000 = 120000 (पहले 12.08 को 12.0800 के रूप में लिखते हैं और तब दशमलव बिंदु को चार स्थान दायें खिसका देते हैं); 42.03 : 10 = 4.203; 42.03 : 1000 = 0.04203 (पहले 42.03 को 0042.03 के रूप में लिखते हैं और तब दशमलव को तीन स्थान बायें खिसका देते हैं)।

§ 42. दशमलव भिन्नों का जोड़, घटाव और गुणा

दशमलव भिन्नों के जोड़ और घटाव, पूर्ण संख्याओं के जोड़-घटाव की तरह ही संपन्न होते हैं; सिर्फ हर संख्या के हर अंक को अपनी श्रेणी (दे. § 23) के नीचे लिखना चाहिए (दूसरे शब्दों में, समान श्रेणी वाले अंक एक स्तंभ में लिखे जाते हैं)।

लेख :

```
    2.3
+   0.02
+  14.96
--------
   17.28
```

उदाहरण. 2.3 + 0.02 + 14.96 = 17.28.

दशमलव भिन्नों का गुणा. दी हुई संख्याओं को आपस में पूर्ण संख्याओं की तरह ही (दशमलव बिंदु पर ध्यान दिये बगैर) गुणा करते हैं। गुणनफल में दशमलव बिंदु का स्थान निम्न नियम से निर्धारित होता है : *गुणनफल में दशमलव स्थानों की संख्या सभी गुणकों में दशमलव स्थानों की कुल संख्या के बराबर होती है* (दशमलव स्थान दे. § 40)।

उदाहरण 1. 2.064·0.05. पूर्ण संख्याओं 2064 और 5 का गुणा करते हैं : 2064·5=10 320। प्रथम गुणक में तीन दशमलव-स्थान (दशमलव बिंदु के बाद तीन अंक) हैं और दूसरे गुणक में दो दशमलव स्थान (बिंदु के बाद दो अंक) हैं। गुणनफल में पांच दशमलव स्थान (3+2) होने चाहिए; उन्हें दायें से अलग करने पर 0.10320 प्राप्त होता है। भिन्न के अंत में स्थित शून्य को छोड़ा जा सकता है, अत: 2.064·0.05=0.1032.

इस विधि में दशमलव बिंदु रखने से पहले शून्य नहीं छोड़ना चाहिए (§ 56 में वर्णित विधि के अनुसार गुणा करने में शून्य छोड़े जा सकते हैं)।

उदाहरण 2. 1.125·0.08; 1125·8=9000। दशमलव बिंदु के बाद 3+2=5 स्थान होने चाहिए। 9000 में *बायें* दो शून्य बढ़ा कर बिंदु द्वारा दायें से पांच स्थान अलग कर लेते हैं। प्राप्त होता है 0.09000=0.09।

§ 43. दशमलव भिन्न में पूर्ण संख्या से भाग

1. यदि भाज्य भाजक से कम है, तो भागफल में पूर्णांक की जगह शून्य रखते हैं और उसके बाद दशमलव बिंदु रखते हैं। इसके बाद भाज्य में दशमलव बिंदु पर ध्यान दिये बगैर पूर्णांक के साथ भिन्नांक का पहला अंक मिला लेते हैं। यदि भाज्य अब भी भाजक से कम है, तो भागफल में दशमलव बिंदु के बाद शून्य बैठाते हैं और भाज्य के पूर्णांक में भिन्नांक का एक और अंक मिला लेते हैं। यदि भाज्य अब भी भाजक से कम है, तो भागफल में दशमलव बिंदु के बाद एक और शून्य बैठाते हैं और भाज्य के पूर्णांक में एक और अंक मिला लेते हैं। यह क्रम तबतक चलाते हैं, जबतक कि भाज्य भाजक से अधिक न हो जाये। इसके बाद भाग वैसे ही देते हैं, जैसे पूर्ण संख्या में। सिर्फ एक बात है कि यहां भाज्य के अंत में शून्य बैठा-बैठा कर उसे असीम ''प्रसार'' दे सकते हैं।

ध्यातव्य. यह भी संभव है कि भाग की उपरोक्त प्रक्रिया कभी खत्म ही नहीं होगी। ऐसी स्थिति में भागफल को दशमलव भिन्न द्वारा परिशुद्धता के साथ व्यक्त नहीं किया जा सकता, पर कुछ अंकों के बाद प्रक्रिया को रोक कर भागफल

का सन्निकट मान प्राप्त कर सकते हैं (दे. आगे § 30)।

उदाहरण 1. 13.28 : 64.

लेख :

```
13.28 | 64
12.8  |______
_____ | 0.2075
  48
  480
  448
  ___
   320
   ___
```

यहां भाज्य के पूर्णांक में भिन्नांक का प्रथम अंक मिलाते ही भाजक से बड़ी संख्या (132) मिल जाती है। इसीलिए भागफल में बिंदु के तुरत बाद कोई शून्य नहीं है। पर भिन्नांक के दूसरे अंक समेत पहला शेष (48) भाजक से कम है, इसीलिए भागफल में दो के बाद (दायें) एक शून्य रखा गया है। 48 पर एक शून्य बैठा कर इसे 480 बना देते हैं। यह शून्य कहां से आता है? भाज्य का "प्रसार" कर उसे 13.280 का रूप देते हैं, जिसका आखिरी शून्य 48 पर उतारते हैं। अब भाग आगे बढ़ाते हैं। अगले शेष 32 पर फिर शून्य उतारना पड़ता है (भाज्य को 13.2800 का रूप देकर)।

उदाहरण 2. 0.48 : 75.

लेख :

```
0.480 |  75
  450 |______
_____ | 0.0064
  300
  ___
```

यहाँ भाज्य के पूर्णांक में भिन्नांक का पहला अंक मिलाने से 4 प्राप्त होता है, जो 75 से छोटा है। अतः भागफल में बिंदु के बाद (दायें) एक शून्य बैठाते हैं। दूसरे अंक को मिलाने से 48 प्राप्त होता है, जो 75 से अब भी छोटा है। भागफल में बिंदु के बाद एक और शून्य बैठाते हैं। भिन्न का एक शून्य द्वारा "प्रसार" कर के 0.480 प्राप्त करते हैं, आदि।

2. यदि भाज्य भाजक से बड़ा है, तो पहले उसके पूर्णांक में भाग देते हैं; भागफल लिख कर दशमलव बिंदु बैठाते हैं। इसके बाद भाग पिछले उदाहरणों की तरह आगे बढ़ाते हैं।

उदाहरण 3. 542.8 : 16.

लेख :

```
542.8 | 16
48    |______
____  | 33.925
 62
 48
 ___
 148
 144
 ___
  40
  32
  __
  80
  __
```

पूर्णांक में भाग देने से फल 33 मिलता है और शेष 14 (यह दूसरा शेष है, पहला 6 है)। संख्या 33 के बाद दशमलव बिंदु रखते हैं और शेष 14 के साथ अंक 8 मिलाते हैं। प्राप्त संख्या 148 में 16 भाग देने पर फल 9 मिलता है, जो दशमलव बिंदु के बाद पहला अंक होता है।

पूर्ण संख्या में पूर्ण संख्या से भाग भी इसी तरह दिया जाता है—यदि भागफल दशमलव भिन्न के रूप में प्राप्त करना होता है।

उदाहरण 4. 417 : 15.

लेख :

```
417 | 15
30  | 27.8
---
117
105
---
 120
---
```

यहाँ भागफल में बिंदु, पूर्णांक का अंतिम शेष (12) प्राप्त होने के बाद बैठाया गया है। भाज्य 417 को 417.0 का रूप दिया जा सकता है; तब यह दशमलव भिन्न के रूप में सामने आता है।

§ 44. दशमलव भिन्न में दशमलव भिन्न से भाग

दशमलव भिन्न (या पूर्ण संख्या) में दशमलव भिन्न से भाग देने के लिए भाजक का दशमलव बिंदु हटा देते हैं; भाज्य में दशमलव बिंदु दायीं ओर इतने दशमलव स्थान तक खिसकाते हैं, जितने दशमलव स्थान भाजक के भिन्नांक में थे (आवश्यकतानुसार भाज्य के अंत में शून्यों की संख्या पहले से बढ़ा देते हैं)। इसके बाद पिछले अनुच्छेद में वर्णित विधि से भाग संपन्न करते हैं।

उदाहरण. 0.04569 : 0.0012.

लेख :

```
456.9 | 12
36    | 38.075
---
 96
 96
---
  90
  84
---
  60
---
```

भाजक के भिन्नांक में 4 अंक हैं, इसलिए भाज्य में दशमलव बिंदु 4 स्थान दायें खिसका देते हैं; प्राप्त होता है 456.9। 456.9 में 12 से भाग देते हैं [इसका अर्थ है कि भाज्य और भाजक दोनों में अलग-अलग 10000 (एक पर चार शून्य) से गुणा कर देते हैं (क्योंकि भाजक में चार दशमलव स्थान हैं), और तब भाग देते हैं]।

§ 45. दशमलव भिन्न का सरल भिन्न में परिवर्तन, और विलोम

1. *दशमलव भिन्न को सरल भिन्न में परिवर्तित करने के लिए दशमलव बिंदु हटा देते हैं, प्राप्त संख्या इष्ट सरल भिन्न की अंशसंख्या होगी। अंशनाम वह संख्या होगी, जो प्रदत्त भिन्न के अंतिम दशमलव स्थान पर स्थित अंशों का नाम व्यक्त करती है।* प्राप्त भिन्न का यथासंभव कर्तन कर देना चाहिए।

यदि दशमलव भिन्न इकाई से अधिक हो, तो सिर्फ दशमलव के बाद वाले हिस्से (भिन्नांक) को सरल भिन्न में बदलना बेहतर होता है; पूर्णांक को अपरिवर्तित रखते हैं।

उदाहरण 1. 0.0125 को सरल भिन्न में बदलें। आखिरी दशमलव स्थान दस हजारवें अंशों की संख्या का है, अतः अंशनाम 10000 होगा; इस तरह, $0.0125 = \frac{125}{10000} = \frac{1}{80}$।

उदाहरण 2. $2.75 = 2\frac{75}{100} = 2\frac{3}{4}$, या $2.75 = \frac{275}{100} = \frac{11}{4}$। इन दोनों विधियों में से बेहतर है पहली विधि, जिसमें पूर्णांक (2) को अपरिवर्तित रखते हैं और सिर्फ भिन्नांक (0.75) को सरल भिन्न में बदलते हैं।

2. *सरल भिन्न को दशमलव भिन्न में परिवर्तित करने के लिए* § 43 (उदाहरण 4) में *वर्णित विधि द्वारा अंशसंख्या में अंशनाम से भाग देते हैं।*

उदाहरण 3. भिन्न $\frac{7}{8}$ को दशमलव भिन्न में बदलें। 7 में 8 से भाग देते हैं; प्राप्त होता है 0.875।

अधिकतर स्थितियों में भाग की यह प्रक्रिया अनंत चलती रह सकती है और तब सरल भिन्न को दशमलव भिन्न में सही-सही परिवर्तित नहीं किया जा सकता है, पर व्यवहार में इसकी जरूरत भी नहीं पड़ती। जब भागफल में व्यावहारिक महत्त्व रखने वाले सभी दशमलव अंक प्राप्त हो जाते हैं, तब भाग रोक दिया जाता है।

उदाहरण 4. एक किलोग्राम कॉफी को तीन बराबर भागों में बाँटना है।

प्रत्येक भाग का वजन $\frac{1}{3}$ kg होगा। इस मात्रा को तौलने के लिए इसे किलोग्राम के दशमलव अंशों में व्यक्त करना पड़ेगा (क्योंकि $\frac{1}{3}$ **kg** के बाट प्रयुक्त नहीं होते)। 1 में 3 से भाग देने पर $1 : 3 = 0.333$ मिलता है। भाग को अनंत जारी रख सकते हैं; भागफल में नये-नये तिक्के मिलते जायेंगे। पर दूकानदारी के बाटों से नन्हें (जैसे, 1 g से कम के) वजन नहीं नापे जा सकते, इसके अतिरिक्त, कॉफी का एक-एक दाना भी 1 **g** से अधिक हो सकता है। दी हुई स्थिति में किलोग्राम के सिर्फ शतांशों का ही व्यावहारिक महत्त्व हो सकता है। अतः $\frac{1}{3}$ kg $\simeq$ 0.33 kg रखते हैं [बाकी तिक्कों की उपेक्षा करते हैं]।

अधिक परिशुद्धता के लिए उपेक्षित अंकों में से प्रथम को ध्यान में रखने की प्रथा है : यदि वह 5 से अधिक होता है, तो अंतिम अनुपेक्ष्य अंक में 1 जोड़ देते हैं (इसके बारे में सविस्तार देखें § 50)।

टिप्पणी. यदि सरल भिन्न का परिशुद्ध दशमलव भिन्न में व्यक्त करना संभव होता है, तब भी अधिकतर स्थितियों में ऐसा नहीं करते। शुद्धता की आवश्यक कोटि प्राप्त हो जाने पर भाग रोक देते हैं।

उदाहरण 5. भिन्न $\frac{7}{32}$ को दशमलव भिन्न में रूपांतरित करें। शुद्ध मान होगा 0.21875। शुद्धता की आवश्यक कोटि के अनुसार भागफल का दूसरा, तीसरा, आदि अंक प्राप्त कर लेने पर भाग रोक देते हैं और $\frac{7}{32} \simeq 0.22$,

$\frac{7}{32} \approx 0.219$, आदि मान रखते है।

भिन्नों का एक ऐतिहासिक सर्वेक्षण

भिन्नों की संकल्पना पूर्ण संख्याओं की अवधारणा बन चुकने के बाद ही उभर सकी। पूर्ण संख्याओं की अवधारणा की तरह ही भिन्न की अवधारणा एक ही बार में नहीं बन गयी थी। "अर्ध" की संकल्पना "तिहाई" और "चौथाई" से पहले आयी, और आखिरी दोनों की––अन्य अंशनाम वाले भिन्नों की संकल्पना से पहले। "अर्ध" की संकल्पना सबसे पुरानी है, इसका प्रमाण है कि हर भाषा में इसके लिए अलग नाम है, जिसका शब्द "दो" के साथ कोई संबंध नहीं दिखता। "प्रथम अर्ध", "द्वितीय अर्ध", "छोटा अर्ध", "बड़ा अर्ध" "अर्धासन" आदि व्यंजन इस बात के साक्षी हैं कि "अर्ध" का आरंभिक अर्थ "अपूर्ण" या "दो भागों में से एक" था (कोई जरूरी नहीं कि दोनों भाग बराबर ही हों)।

पूर्ण संख्या के बारे में प्रथम धारणाएं गिनती की प्रक्रिया में बनी थीं; भिन्न की प्रथम धारणाएं लंबाई, क्षेत्रफल, भार आदि के नाप की प्रक्रिया में विकसित हुईं। माप की प्रणालियों और भिन्न के कलन के बीच का यह ऐतिहासिक संबंध कई जनलोकों में देखा जा सकता है। यथा, बेबीलोनी माप-प्रणाली में भार (और मुद्रा) की इकाई 1 तालांत में 60 मीना होते थे और 1 मीना में 60 शेकेल होते थे। बेबीलोनी गणितज्ञों के बीच षष्टिभू भिन्न (दे. § 22.4) का काफी प्रचार था। प्राचीन रोम में भार (और मुद्रा) की प्रणालियों में 1 आस में 12 औंस (उंसिया) होते थे; रोम में बारह पर आधारित (द्वादशभू) भिन्नों का प्रयोग था। जिस भिन्न को हम लोग $\frac{1}{12}$ कहते हैं, उसे रोमवासी "उंसिया" कहते थे––यह उस स्थिति में भी, जब इसका प्रयोग लंबाई या किसी अन्य राशि मापने में होता था; भिन्न $\frac{1}{8}$ को रोमवासी "डेढ़ औंस" कहते थे।

हमारे "सामान्य भिन्न" प्राचीन ग्रीस और भारत में विस्तृत रूप से प्रचलित थे। 8-वीं शती के भारतीय गणितज्ञ ब्रह्मगुप्त ने भिन्नों के साथ संक्रिया के जो नियम दिये थे, आधुनिक नियमों से बहुत अलग नहीं हैं। भिन्न लिखने की हमारी विधि भी भारतीयों जैसी ही है; एक ही अंतर है कि भारतवासी पड़ी लकीर का प्रयोग नहीं करते थे; यवनवासी अंशनाम ऊपर लिखते थे और अंशसंख्या नीचे, पर ज्यादातर वे लेखन की दूसरी विधि का प्रयोग करते थे, जैसे 3 5× (तीन पंचांश लिखने के लिए उनके अपने प्रतीक बिल्कुल दूसरे थे)।

भिन्नों के भारतीय द्योतन और उनके साथ संक्रियाओं के भारतीय नियम इस्लामी देशों में 9-वीं शती में आत्मसात किये जा चुके थे। इसका श्रेय खोरिज्म

के मोहम्मद (मोहम्मद अल-खोरिज्म, दे. § 22) को दिया जाता है। पश्चिमी यूरोप में इनका प्रचार इतालवी सौदागर और विद्वान पिसा के लियोनार्दो ने (जो फिबोनाच्ची नाम से भी प्रसिद्ध थे) 13-वीं शती में किया।

"सामान्य" भिन्नों के साथ-साथ (विशेषकर ज्योतिर्विद्या में) षष्टिभू भिन्नों का भी व्यवहार था, जिसका स्थान धीरे-धीरे दशभू भिन्नों ने ले लिया। दशभू भिन्नों का प्रयोग समरकंद के विद्वान गयासुद्दीन जमशेद अल-काशी (14-15-वीं शती) ने आरंभ किया। यूरोप में इनका प्रचार होलैंड के विद्वान, सौदागर और इंजिनियर साइमन स्टेविन (1548-1620) ने किया।

प्रतिशत

प्रतिशत *शतांश या सौवें अंश को कहते हैं।* लेख 1% का अर्थ है 0.01 ; 27% = 0.27 ; 100% = 1 ; 150% = 1.5 आदि। प्रतिशत के प्रतीक % की उत्पत्ति शब्द **cento** (शतांश) को जल्दबाजी में तोड़-मरोड़ कर लिखने की आदत से हुई है।

वेतन के 1% का अर्थ है वेतन का 0.01 ; योजना को पूरा का पूरा कार्यान्वित करने का अर्थ है 100% योजना पूरा करना ; 150% योजना पूरा करने का अर्थ है 1.5 योजना पूरा करना।

[प्रतिशत की मूल समस्या है दो संख्याओं की तुलना करना। मान लें कि हमें देखना है : संख्या 27 संख्या 20 से कितनी गुनी अधिक (या कम) है। पहली संख्या में दूसरी से भाग देने पर 1.35 मिलता है, अर्थात् पहली संख्या दूसरी से 1.35 गुनी अधिक है। 20 को इकाई (=1) मानने पर 27 को 1.35 मानना पड़ेगा और 20 को सैकड़ा (=100) मानने पर 27 को 135 मानना पड़ेगा :

$$\frac{27}{20}=\frac{1.35}{1}=\frac{1.35}{1}\times\frac{100}{100}=\frac{135}{100}=135 \text{ प्रति सैकड़ा}=135\%$$

तकनीकी दृष्टि से प्रतिशत को दो संख्याओं से बने भिन्न का 100 से प्रसारण कह सकते हैं (दे. § 32)।

यहाँ 20 को प्रतिशत की **आधार-संख्या** कहते हैं, 27 को **तुलनीय-संख्या,** 1.35 को उनका **व्यतिमान** (पारस्परिक मान) (दे. § 64), 135 को **शत-व्यतिमान :**

$$\frac{\text{तुलनीय संख्या}}{\text{आधार-संख्या}}=\frac{\text{व्यतिमान}}{1}=\frac{\text{शतव्यतिमान}(=p)}{100}=p \text{ प्रतिशत}$$
$$=p\ \%.$$

व्यंजन "$p\%$" को व्यतिमान का (अर्थात् आधार-संख्या के सापेक्ष तुल-

नीय संख्या का) **प्रातिशत व्यंजन** कहते हैं। प्रातिशत व्यंजन "$p\%$" अपने आप में एक भिन्न (या अंश) है ; तुलना करें : जल का 20 % *अंश* वाष्पित हो गया। "20 का 135% = 27 है"—इस वाक्य में 'का' का अर्थ 'गुणा' मानने पर मतलब निकलता है : 20 बार 135 का शतांश लेने पर 27 मिलता है $(20 \times \frac{135}{100} = 27)$।

कई बार **प्रति हजार**, **प्रति लाख**, आदि जैसे अंशों (तुलनात्मक व्यंजनों) का उपयोग होता है। ये व्यंजन उपरोक्त व्यतिमान का हजार, लाख आदि से प्रसारण करने पर प्राप्त होते हैं :

$$\frac{1.35}{1} \times \frac{1000}{1000} = 1350 \text{ प्रति हजार},$$

$$\frac{1.35}{1} \times \frac{10000}{10000} = 1\ 35\ 000 \text{ प्रति लाख.}]$$

किसी दी हुई संख्या [व्यतिमान] को प्रतिशत में व्यक्त करने के लिए उसमें 100 से गुणा करते हैं (अर्थात् उसमें दशमलव बिंदु को दो स्थान दायें खिसकाते हैं) [और प्रतिशत $(\frac{1}{100})$ का चिह्न % लगा देते हैं]।

उदाहरण. संख्या 2 को प्रतिशत में व्यक्त करने पर 200% मिलता है [इसे संख्या 2 का प्रातिशत व्यंजन या प्रतिशत-व्यंजन कहेंगे।] संख्या 0.357 का प्रतिशत-व्यंजन 35.7% है और संख्या 1.753 का 175.3% है।

संख्या का प्रतिशत-व्यंजन प्रदत्त होने पर संख्या ज्ञात करने के लिए व्यंजन में 100 से भाग देते हैं (अर्थात् दशमलव बिंदु को दो स्थान बायें खिसका देते हैं) [और प्रतिशत का चिह्न % हटा देते हैं]।

उदाहरण. 13.5% = 0.135; 2.3% = 0 023 ; 145% = 1.45; $\frac{2}{5}\% = 0.4\% = 0.004$।

प्रतिशत से संबंधित तीन मुख्य प्रश्न निम्न हैं :

प्रश्न 1. दी हुई संख्या का निर्दिष्ट प्रतिशत ज्ञात करना. (तुलना करें § 39, नियम 1 से)। दी हुई [आधार-] संख्या में निर्दिष्ट प्रतिशत से गुणा करके सौ से भाग देते हैं (या गुणनफल में दशमलव बिंदु दो स्थान बायें खिसका देते हैं)। दूसरे शब्दों में, दी हुई संख्या में निर्दिष्ट प्रतिशत को व्यक्त करने वाले भिन्न से गुणा करते हैं।

उदाहरण. खदान योजनानुसार एक दिन-रात में 2860 टन कोयला देती है। श्रमिक 115% योजना पूरा करने का वादा करते हैं। कितने टन कोयला देंगे वे ?

हल. (1) 2860·115 = 328900.

(2) 328900 : 100 = 3289 टन।

या दूसरी तरह से : 2860·1.15 = 3289 टन।

प्रश्न 2. तुलनीय संख्या और p प्रतिशत की सहायता से आधार-संख्या ज्ञात करना (तुलना करें § 39, नियम 2 से)। (तुलनीय संख्या में शतव्यतिमान p से भाग देते हैं ; फिर 100 से गुणा करते हैं (अर्थात् दशमलव बिंदु को दो स्थान दायें खिसकाते हैं)। अन्य शब्दों में, तुलनीय संख्या को प्रतिशत व्यक्त करने वाले भिन्न से विभाजित करते हैं।

उदाहरण. चुकंदर से उसके भार की 12.5% चीनी बनती है। 3000 सेंटनेर चीनी बनाने के लिए कितना चुकंदर चाहिए?

हल. (1) $3000 : 12.5 = 240$

(2) $240 \cdot 100 = 24000$ सेंटनेर।

या दूसरी तरह से : $3000 : 0.125 = 24000$।

प्रश्न 3. एक संख्या को दूसरी संख्या के प्रतिशत में व्यक्त करना (तुलना करें § 39, नियम 3 से)। प्रथम संख्या में 100 से गुणा करते हैं और गुणनफल में दूसरी संख्या से भाग देते हैं।

उदाहरण 1. ईंट जलाने की नई विधि भट्ठी के 1 घन मीटर से 1200 की बजाय 2300 ईंटें देने लगी। ईंटों के उत्पादन में कितने प्रतिशत की वृद्धि हुई?

हल : (1) $2300 - 1200 = 1100$,

(2) $1100 \cdot 100 = 110000$,

(3) $110000 : 1200 \approx 91.67$.

ईंटों के उत्पादन में 91.67% वृद्धि हुई।

उदाहरण 2. सोवियत संघ में सातवर्षीय योजना के अनुसार 1961 में 161 मिलियन टन पेट्रोलियम प्राप्त करना था। वास्तविक उत्पादन 166 मिलियन टन हुआ। 1961 की योजना कितने प्रतिशत पूरी हुई?

हल. (1) $166 \cdot 100 = 16600$,

(2) $16600 : 161 \approx 103.1$.

1961 में पेट्रोलियम उत्पादन की वास्तविक मात्रा नियोजित मात्रा का 103.1% है।

टिप्पणी 1. तीनों ही प्रश्नों में संक्रिया का क्रम बदला जा सकता है, यथा: अंतिम प्रश्न में पहले भाग दिया जा सकता है और फिर 100 से गुणा किया जा सकता है।

टिप्पणी 2. नीचे दिया गया उदाहरण पाठकों को एक सर्वसामान्य गलती से छुटकारा दिला सकता है।

उदाहरण. दाम में गिरावट के पहले की अवस्था में प्रति मीटर कपड़े का

मूल्य ज्ञात करें, यदि 15% सस्ता होने पर कपड़ा 12 रूबल प्रति मीटर की दर से बेचा जा रहा है।

अक्सर 12 रूबल का 15% ज्ञात करते हैं, अर्थात् गुणा करते हैं : 12·0.15 =1.8 । इसके बाद जोड़ते हैं : 12+1.8=13.8 और मान लेते हैं कि पुराना दाम 13.8 रूबल प्रति मीटर था।

यह गलत है। कारण यह कि मूल्य में प्रतिशत कमी पुराने मूल्य के सापेक्ष निर्धारित की जाती है, और 1.8 रूबल 13.8 रूबल का 15% नहीं होता है, करीब 13% होता है (दे. प्रश्न 3)।

सही हल है : मूल्य-ह्रास के बाद कपड़े का मूल्य पुराने मूल्य का 100% −15%=85% होता है। अतः पुराना मूल्य था (दे. प्रश्न 2)—12 : 0.85 =14.12 रूबल प्रति मीटर।

टिप्पणी. प्रतिशत के प्रश्नों को हल करने में सन्निकर कलन की विधियों का प्रयोग अधिक व्यावहारिक रहता है (दे. आगे के अनुच्छेद)।

सन्निकर कलन

दैनिक जीवन में हमारा वास्ता दो तरह की संख्याओं से पड़ता है। एक तो शुद्ध-शुद्ध वास्तविक मान देती हैं, और दूसरी सन्निकट मान देती हैं। पहली को **परिशुद्ध संख्याएं** कहते हैं और दूसरी को—**सन्निकृत**। अक्सर परिशुद्ध संख्या की आवश्यकता नहीं पड़ती और हम जान-बूझ कर उसकी जगह सन्निकृत संख्या का व्यवहार करते हैं। कई परिस्थितियों में परिशुद्ध संख्या प्राप्त करना संभव ही नहीं होता।

उदाहरण 1. पुस्तक में 220 पृष्ठ हैं; संख्या 220 परिशुद्ध है।

उदाहरण 2. षटकोण में 9 कर्ण हैं; संख्या 9 परिशुद्ध है।

उदाहरण 3. विक्रेता स्वचालित तुला पर 50 ग्राम मक्खन तौलता है। संख्या 50 सन्निकृत है, क्योंकि तुला भार में 0.5 ग्राम की कमी-बेशी के प्रति संवेदी नहीं है।

उदाहरण 4. मास्को स्टेशन से लेनिनग्राद स्टेशन के बीच "अक्तूबर रेल-पथ" की लम्बाई 651km है। संख्या 651 सन्निकृत है, क्योंकि नापने के उपकरण शुद्ध नहीं होते और इसके अतिरिक्त, स्वयं स्टेशन भी अपनी कुछ लंबाई रखते हैं।

सन्निकृत संख्याओं के साथ संक्रिया का फल भी सन्निकृत ही होता है। इसमें वे अंक भी अपरिशुद्ध हो सकते हैं, जो दी गयी संख्याओं के परिशुद्ध अंकों के साथ

संक्रिया से प्राप्त होते हैं।

उदाहरण 5. सन्निकृत संख्या 60.2 और 80.1 को गुणित करते हैं। यह ज्ञात है कि निर्दिष्ट अंक सही हैं और इसलिए वास्तविक मान सन्निकृत मान से सिर्फ शतांश, सहस्रांश आदि में ही इतर हो सकते हैं। गुणनफल 4822.02 है। इसमें शतांश और दशांश के ही नहीं, इकाई का अंक भी अशुद्ध हो सकता है। उदाहरण के लिए मान लें कि प्रदत्त गुणक सही संख्या 60.25 और 80.14 के सन्निकरण से (दे. § 50) मिले हैं। तब शुद्ध गुणनफल 4728.435 होगा और इस प्रकार सन्निकृत गुणनफल में इकाई का अंक (2) शुद्ध अंक (8) से 6 इकाइयों का अंतर रखता है।

सन्निकर कलन के सिद्धांत से निम्न लाभ हैं: (1) आंकड़ों की परिशुद्धता-कोटि का ज्ञान होने पर संक्रिया के पहले ही परिणामों की परिशुद्धता-कोटि का मूल्यांकन किया जा सकता है; (2) आँकड़ों की इष्ट परिशुद्धता-कोटि का चुनाव किया जा सकता है, ताकि आवश्यक परिशुद्धता वाले परिणाम भी मिलें और अनावश्यक कलन भी न करने पड़ें; (3) परिणाम के शुद्ध अंकों पर जिन विवरणों का कोई प्रभाव नहीं पड़ता, उन्हें दूर कर कलन-प्रक्रिया को अधिक युक्तिसंगत बनाया जा सकता है।

सन्निकृत संख्याओं का द्योतन

सन्निकर कलन में लेख 2.4 को 2.40 से और लेख 0.02 को 0.0200 से पृथक मानते हैं। लेख 2.4 का अर्थ है कि सिर्फ पूर्णांक और दशांश के अंक सही हैं, जबकि संख्या का वास्तविक मान 2.43 या 2.38 (उदाहरणतया) हो सकता है (क्योंकि 8 को छोड़ने पर उसके पहले के अंक में वृद्धि की दिशा में सन्निकरण होता है; दे. § 50)। लेख 2.40 का अर्थ है कि शतांश भी सही है; संख्या का वास्तविक मान 2.403 या 2.398 हो सकता है, पर 2.421 या 2.382 नहीं हो सकता है।

यही अंतर पूर्ण संख्याओं में भी किया जाता है। लेख 382 का अर्थ है कि सभी अंक सही हैं; यदि अंतिम अंक अविश्वसनीय है, तो संख्या का सन्निकरण करते हैं, पर उसे 380 के रूप में नहीं, 38·10 के रूप में लिखते हैं। लेख 380 का अर्थ है कि अंतिम अंक (0) सही है। यदि संख्या 4720 में सिर्फ प्रथम दो अंक सही हैं, तो उसे 47·10 के रूप में लिखना चाहिए; इस संख्या को $4.7 \cdot 10^3$ आदि के रूप में भी लिखा जा सकता है।

सार्थक अंक. संख्या के शुरू में स्थित शून्यों को छोड़कर उसके सभी सही

(विश्वस्त) अंकों को सार्थक अंक कहते हैं। यथा, संख्या 0.00385 में तीन सार्थक अंक हैं ; संख्या 0.03085 में चार सार्थक अंक हैं ; संख्या 2500 में—चार ; संख्या $2.5 \cdot 10^3$ में—दो। किसी संख्या में उसके सार्थक अंकों की संख्या को उसकी **सार्थकता** कहते हैं।

सन्निकरण के नियम

सन्निकर कलन में बहुदधा सिर्फ सन्निकृत संख्याओं का ही नहीं, परिशुद्ध संख्याओं का भी सन्निकरण करना पड़ता है, अर्थात् एक या अधिक अंतिम अंकों को छोड़ देना पड़ता है। सन्निकृत संख्या का अपनी मूल संख्या के साथ अधिकतम सन्निकट्य रहे, इसके लिए निम्न नियमों का पालन करना पड़ता है :

नियम 1. यदि छोड़े गये अंकों में से पहला अंक 5 से अधिक है, तो सुरक्षित अंकों में से अंतिम में इकाई जोड़ दी जाती है। इकाई से वृद्धि उस स्थिति में भी होती है, जब प्रथम त्यक्त अंक 5 के बराबर होता है और उसके बाद एक या अधिक सार्थक अंक आते हैं। (त्यक्त 5 के बाद यदि कोई अंक नहीं है, तो ऐसी स्थिति के लिए देखें नियम 3)

उदाहरण 1. संख्या 27·874 को तीन सार्थक अंकों तक सन्निकृत कर इसे 27.9 के रूप में लिखते हैं। तीसरे अंक 8 में एक से वृद्धि होने के कारण वह 9 हो गया है, क्योंकि प्रथम त्यक्त अंक 7, अंक 5 से अधिक है। संख्या 27.9 प्रदत्त संख्या के निकट है, बनिस्बत सन्निकृत संख्या 27.8 के।

उदाहरण 2. संख्या 36.251 को दशमलव के प्रथम स्थान तक सन्निकृत कर इसे 36.3 के रूप में लिखते हैं। दशांश के अंक 2 को बढ़ाकर 3 कर दिया गया है, क्योंकि प्रथम त्यक्त अंक 5 है और इसके बाद सार्थक अंक 1 आता है। संख्या 36.3 प्रदत्त संख्या के निकट है (बहुत थोड़ा-सा ही सही !), बनिस्बत संख्या 36.2 के, जिसमें अंतिम सुरक्षित अंक यथावत रखा गया है।

नियम 2. यदि प्रथम त्यक्त अंक 5 से कम है, तो अंतिम सुरक्षित अंक में कोई वृद्धि नहीं की जाती।

उदाहरण 3. संख्या 27.48 का इकाई श्रेणी तक सन्निकरण करने पर इसे 27 के रूप में लिखते हैं। यह संख्या प्रदत्त संख्या के निकट है, बनिस्बत 28 के।

नियम 3. यदि अंक 5 त्यक्त है और उसके बाद कोई सार्थक अंक नहीं है, तो अंतिम सुरक्षित संख्या को सम संख्या तक सन्निकृत किया जाता है, अर्थात् यदि अंतिम सुरक्षित संख्या कोई सम संख्या है, तो उसे ज्यों का त्यों छोड़ दिया

जाता है ; पर यदि अंतिम सुरक्षित संख्या विषम संख्या है,तो उसमें एक जोड़ कर उसे सम संख्या बना दिया जाता है (कारण देखिए नीचे : टिप्पणी)।

उदाहरण 4. संख्या 0.0465 को दशमलव के तीसरे स्थान तक सन्निकृत करके इसे 0.046 के रूप में लिखा जाता है। अंतिम सुरक्षित अंक 6 में 1 नहीं जोड़ते, क्योंकि 6 एक सम संख्या है। 0.046 प्रदत्त संख्या के उतना ही निकट है, जितना 0.047 ।

उदाहरण 5. संख्या 0.935 को दशमलव के दूसरे स्थान तक सन्निकृत कर इसे 0.94 के रूप में लिखते हैं। अंतिम सुरक्षित अंक 3 एक विषम संख्या है, इसलिए उसमें इकाई से वृद्धि कर दी जाती है।

उदाहरण 6. संख्या

6.527 ; 0.456 ; 2.195 ; 1.450 ;

0.950 ; 4.851 ; 0.850 ; 0.05

का दशमलव के प्रथम स्थान तक सन्निकरण करने पर प्राप्त होगा :

6.5 ; 0.5 ; 2.2 ; 1.4 ; 1.0 ; 4.9 ; 0.8 ; 0.0.

टिप्पणी : एकाध संख्या का नियम 3 के अनुसार सन्निकरण करने में सन्निकरण की शुद्धता अधिक नहीं होती (दे. उदाहरण 4 व 5)। पर बहुसंख्य सन्निकरण में बढ़ी हुई संख्याएं लगभग उतनी ही मिलेंगी, जितनी घटी हुई। त्रुटियों के पारस्परिक प्रतिकार से अधिकतम शुद्ध परिणाम मिलता है।

नियम 3 में परिवर्तन किया जा सकता है कि सन्निकरण हमेशा निकटतम विषम अंक पर हो। शुद्धता वैसी ही रहेगी।

परम और सापेक्षिक त्रुटि

सन्निकृत संख्या और उसके शुद्ध मान के अंतर को **परम त्रुटि** या संक्षेप में सिर्फ **त्रुटि** कहते हैं (अंतर निकालने के लिए बड़ी संख्या में से छोटी को घटाते हैं)।

दूसरे शब्दों में, यदि a सन्निकृत संख्या है और x उसका सही मान है, तो परम त्रुटि अंतर $a-x$ का परम मान (दे. § 71) होगा। कुछ पाठ्य-पुस्तकों में अंतर $a-x$ (या अंतर $x-a$) को ही परम त्रुटि बताया जाता है (उसके परम मान को नहीं) ; इस स्थिति में परम त्रुटि धनात्मक भी हो सकती है और ऋणात्मक भी।

उदाहरण 1. संस्थान में 1284 आदमी काम करते हैं। इस संख्या को मोटा-मोटी 1300 लिखने पर परम त्रुटि $1300-1284=16$ होगी और 1280

लिखने पर परम त्रुटि $1284 - 1280 = 4$ होगी।

सन्निकृत संख्या की परम त्रुटि और [शुद्ध] संख्या के व्यतिमान(दे. § 64) को सन्निकृत संख्या की **सापेक्षिक त्रुटि** कहते हैं।

उदाहरण 2. स्कूल में 197 बच्चे पढ़ते हैं। इस संख्या का सन्निकृत रूप 200 लेते हैं। परम त्रुटि होगी $200 - 197 = 3$। सापेक्षिक त्रुटि $\frac{3}{197}$ होगी या, मोटा-मोटी, $\frac{3}{200} = 1.5\%$।

अधिकतर स्थितियों में सन्निकृत संख्या का शुद्ध मान ज्ञात कर पाना संभव ही नहीं होता, और इसका मतलब है कि त्रुटि का मान भी नहीं बताया जा सकता। पर यह लगभग हमेशा ही निर्धारित किया जा सकता है कि त्रुटि (परम या सापेक्षिक) किसी संख्या-विशेष से अधिक नहीं होगी।

उदाहरण 3. तरबूज साधारण तराजू पर बेचा जा रहा है। सबसे छोटा बटखरा 50 g का है। तौलने पर 3600 g मिला। यह संख्या सन्निकृत है। तरबूज का शुद्ध वजन ज्ञात नहीं है। पर परम त्रुटि 50 g से अधिक नहीं हो सकती। सापेक्षिक त्रुटि $\frac{50}{3600} \approx 1.4\%$ से अधिक नहीं होगी।

ऐसी संख्या, जो परम त्रुटि से अवश्यंभावी रूप से अधिक हो (या ज्यादा से ज्यादा उसके बराबर हो), **चरम परम त्रुटि** कहलाती है। सापेक्षिक त्रुटि से अवश्यंभावी रूप से बडी (या ज्यादा से ज्यादा उसके बराबर की) संख्या को **चरम सापेक्षिक त्रुटि** कहते हैं।

उदाहरण 3 में चरम परम त्रुटि 50 g मान सकते हैं और चरम सापेक्षिक त्रुटि—1.4%।

चरम त्रुटि का मान पूर्णतया निश्चित नहीं होता। यथा, उदाहरण 3 में चरम परम त्रुटि के रूप में 100 g, 150 g या कोई भी दूसरी संख्या, जो 50 g से अधिक हो, ले सकते हैं। पर व्यवहार में चरम त्रुटि का यथासंभव छोटा मान लेते हैं। यदि त्रुटि का शुद्ध मान ज्ञात हो, तो यही मान चरम त्रुटि का भी काम करता है।

हर सन्निकृत संख्या की चरम त्रुटि (परम या सापेक्षिक) अवश्य ही ज्ञात होनी चाहिए। यदि वह निर्दिष्ट न की गयी हो, तो समझ लेना चाहिए कि चरम परम त्रुटि का मान *अंतिम सुरक्षित श्रेणी (या स्थान) की इकाई का आधा* है। यथा, यदि सन्निकृत संख्या 4.78 की चरम त्रुटि निर्दिष्ट नहीं है, तो इसका मतलब है कि चरम परम त्रुटि अंतिम सुरक्षित श्रेणी (हमारे उदाहरण में—शतांश की श्रेणी) की इकाई 0.01 की आधी, अर्थात् 0.005 होगी। यदि आपने संख्या का सन्निकरण § 50 के नियमों के अनुसार किया है, तो इस समझौते की बदौलत आप उसकी चरम त्रुटि निर्दिष्ट नहीं भी कर सकते हैं।

चरम परम त्रुटि को ग्रीक वर्ण Δ (डेल्टा) से द्योतित करते हैं; चरम सापेक्षिक त्रुटि को ग्रीक वर्ण δ (छोटा डेल्टा) से द्योतित करते हैं। यदि सन्निकृत संख्या को वर्ण a से द्योतित करें, तो $\delta = \frac{\Delta}{a}$।

उदाहरण 4. मिलिमीटरों में अंशांकित इंची से पेंसिल की लंबाई नापते हैं। परिणाम 17.9 cm मिला। इस माप की चरम सापेक्षिक त्रुटि क्या है?

यहां $a = 17.9$ cm; $\Delta = 0.1$ cm माना जा सकता है, क्योंकि 1 mm की शुद्धता से पेंसिल की लंबाई नापना कठिन नहीं है; पर चरम त्रुटि को विशेष रूप से कम करना संभव नहीं है (अभ्यास होने पर अच्छी इंची में 0.02 और 0.01 cm का भी पठन किया जा सकता है, पर पेंसिल की किनारियों के बीच की दूरी भी सब ओर से समान नहीं होती; अलग-अलग ओर से नापने पर कहीं अधिक बड़े अंतर नजर आयेंगे)। सापेक्षिक त्रुटि $\frac{0.1}{17.9}$ के बराबर होती है। सन्निकरण से $\delta = \frac{0.1}{18} \approx 0.6\%$।

उदाहरण 5. बेलनाकार पिस्टन का व्यास करीब 35 mm है। सूक्ष्ममापी से किस परिशुद्धता के साथ उसे नापा जाय कि चरम सापेक्षिक त्रुटि 0.05% हो?

हल. शर्त के अनुसार चरम सापेक्षिक त्रुटि 35 mm का 0.05% है। अतः (दे. § 47, प्रश्न 1), चरम परम त्रुटि है $\frac{35 \cdot 0.05}{100} = 0.0175$ mm, या मोटा-मोटी, 0.02 mm।

सूत्र $\delta = \frac{\Delta}{a}$ का भी उपयोग किया जा सकता है। $a = 35$, $\delta = 0.0005$ रखने पर $0.0005 = \frac{\Delta}{35}$। अतः

$$\Delta = 35 \cdot 0.0005 = 0.0175 \text{ mm}।$$

जोड़-घटाव से पूर्व सन्निकरण

यदि सभी प्रदत्त संख्याएं एक ही श्रेणी पर खत्म नहीं होतीं, तो जोड़ या घटाव के पहले उनका सन्निकरण कर लेना चाहिए। सुरक्षित सिर्फ उन श्रेणियों को रखना चाहिए, जो सभी योज्य पदों में विद्यमान हों। बाकी को बेकार मानकर

त्याग देते हैं। यदि पदों की संख्या बहुत अधिक नहीं है, तो योगफल में अंतिम को छोड़कर सभी अंक विश्वस्त होंगे। अंतिम अंक पूरी तरह शुद्ध नहीं भी हो सकता है। इस अशुद्धि का मान अल्पतम किया जा सकता है, यदि अगली श्रेणी के अंकों के प्रभाव को ध्यान में रखा जाय, जिन्हें **अतिरिक्त अंक** कहते हैं।

उदाहरण 1. योगफल $25.3+0.442+2.741$ ज्ञात करें।

पदों का सन्निकरण किये बग़ैर जोड़ने पर प्राप्त होगा 28.483। इसमें अंतिम दो अंक बेकार हैं, क्योंकि प्रथम पद में कई शतांशों की अशुद्धि होने की संभावना है। योगफल का शुद्ध अंकों तक (अर्थात् दशांशों तक) सन्निकरण करने पर 28.5 मिलता है। यदि जोड़ने के पहले ही शुद्ध अंकों तक सन्निकरण कर लें, तो बिना किसी कठिनाई के प्राप्त हो जाएगा $25.3+0.4+2.7=28.4$। यहां दशांश का अंक 1 कम है। यदि शतांशों के अंकों को ध्यान में रखा जाये, तो $25.3+0.44+2.74=28.48$, अर्थात् मोटा-मोटी 28.5। अंक 5 अधिक विश्वस्त है, बनिस्बत 4 के, यद्यपि ऐसी संभावना रह जाती है कि विश्वस्त अंक 4 ही हो। (यदि मान लें कि प्रथम पद संख्या 25.26 का सन्निकरण है, तो योगफल 0.01 तक की शुद्धता से 28.44, अर्थात् मोटा-मोटी 28.4 होता। पर यदि 25.3 संख्या 25.27 या 25.28 आदि का सन्निकरण है, तो योगफल सन्निकरण के बाद 28.5 रहेगा।)

अतिरिक्त अंकों के प्रभाव का हिसाब रखने के लिए कलन निम्न आरेख के अनुसार करते हैं (अतिरिक्त अंक खड़ी रेखा द्वारा अलग किये गये हैं):

$$\begin{array}{r|l} 25.3 & \\ +\ 0.4 & 4 \\ 2.7 & 4 \\ \hline 28.5 & \end{array}$$

उदाहरण 2. योगफल $52.861+0.2563+8.1+57.35+0.0087$ ज्ञात करें।

अतिरिक्त अंकों को ध्यान में रखे बग़ैर (हम सिर्फ दशांश के सन्निकृत अंक सुरक्षित रखते हैं; दे. सन्निकरण के नियम, § 50) जोड़ने पर 118.7 मिलता है। अतिरिक्त अंकों का हिसाब रखने पर 118.6 मिलता है। अंतिम परिणाम में दशांश का अंक तीसरे पद की अशुद्धि के कारण गलत हो सकता है; 6 की जगह 5 मिल सकता है (यदि तीसरा पद संख्या 8.06 का सन्निकृत रूप है)। पर अंक 6 कहीं अधिक विश्वसनीय है। हर हालत में अंक 7 सही नहीं हो सकता। अतिरिक्त अंकों को ध्यान में रखने से परिणाम में सुधार होता है, पर कुछ ज्यादा नहीं। बायें आरेख में अतिरिक्त अंकों को ध्यान में रखे बग़ैर जोड़ने

की प्रक्रिया दिखायी गयी है और दायें आरेख में—उन्हें ध्यान में रखते हुए :

$$\begin{array}{r} 52.9 \\ +\ 0.3 \\ 8.1 \\ 57.4 \\ \hline 118.7 \end{array} \qquad \begin{array}{r|l} 52.8 & 6 \\ 0.2 & 6 \\ +\ 8.1 & \\ 57.3 & 5 \\ 0.0 & 1 \\ \hline 118.6 & \end{array}$$

योगफल और अंतर में त्रुटि

योगफल की चरम परम त्रुटि उसके योज्य पदों की चरम परम त्रुटियों के योग से अधिक नहीं होती।

उदाहरण 1. सन्निकृत संख्याओं 265 और 32 को जोड़ते हैं। मान लें कि पहली संख्या की चरम परम त्रुटि 5 है, और दूसरी की 1। इनका योगफल $5+1=6$ है। यदि पहली संख्या का वास्तविक मान 270 और दूसरी का 33 था, तो सन्निकृत योगफल $(265+32=297)$ वास्तविक योगफल $(270+33=303)$ से $6(=5+1)$ कम होता है।

उदाहरण 2. सन्निकृत संख्याओं का योगफल ज्ञात करें : $0.0909+0.0833+0.0769+0.0714+0.0667+0.0625+0.0588+$ $+0.0556+0.0526$.

जोड़ने पर 0.6187 मिलता है। यदि प्रत्येक की चरम त्रुटि 0.00005 है, तो योगफल की चरम त्रुटि $0.00005\times 9=0.00045$ होगी। इसका अर्थ है कि योगफल के अंतिम (चौथे) स्थान में 5 इकाइयों तक की भूल हो सकती है। अतः योगफल को, तीसरे स्थान तक, अर्थात् सहस्त्रांश तक, सन्निकृत करते हैं। मिला : 0.619, जिसमें सभी अंक विश्वस्त हैं।

टिप्पणी. जब योज्य पद बहुत अधिक संख्या में होते हैं, तब उनकी त्रुटियों का परस्पर प्रतिकार हो जाता है। फलस्वरूप, योगफल की वास्तविक त्रुटि चरम त्रुटि के साथ संपात करे या उसके निकट हो, ऐसा बहुत कम होता है। ऐसी स्थितियां कितनी विरल हैं, इसका अंदाजा उदाहरण 2 से मिल सकता है, जिसमें 9 योज्य पद हैं। दशमलव के पाँचवें स्थान पर प्रत्येक का वास्तविक मान प्रदत्त सन्निकृत मान से 1, 2, 3, 4 या यहां तक की 5 इकाई भी कम या बेशी हो सकता है। उदाहरणार्थ, प्रथम पद पांचवें स्थान पर वास्तविक मान से 5 इकाई अधिक हो सकता है, दूसरा पद—2 इकाई, तीसरा—1 इकाई कम, आदि। कलन बताते हैं कि त्रुटियों के वितरण की सभी संभव स्थितियों की संख्या करीब

एक मिलियार्ड (एक अरब) है। इतनी सारी स्थितियों में सिर्फ दो ऐसी हैं, जिनमें योगफल की त्रुटि चरम त्रुटि 0.00005 तक पहुँचती है: (1) जब हर पद का वास्तविक मान उसके सन्निकृत मान से 0.00005 अधिक होगा, और (2) जब हर पद का वास्तविक मान उसके सन्निकृत मान से 0.00005 कम होगा। कुल संभव स्थितियों में इन दो स्थितियों का अंश सिर्फ 0.0000002% है।

नौ पदों के योगफल की त्रुटि आखिरी स्थान में तीन इकाइयों की वृद्धि कर दे, ऐसी स्थितियां भी बहुत कम हैं। कुल संभव स्थितियों में उनका अंश सिर्फ 0.07% है। अंतिम स्थान में दो इकाई अधिक होने की त्रुटि 2% स्थितियों में संभव है और एक इकाई अधिक होने की त्रुटि—करीब 25% स्थितियों में। बाकी 75% स्थितियों में नौ पदों के योग की त्रुटि अंतिम स्थान पर इकाई से अधिक की वृद्धि नहीं करती।

उदाहरण 3. उदाहरण 2 के योज्य पदों को शुद्ध संख्याएं* मान कर उनका सहस्त्रांशों तक सन्निकरण करें। योगफल की चरम त्रुटि होगी $9 \cdot 0.0005 = 0.0045$। सन्निकरण के बाद जोड़ने पर :

$$0.091 + 0.083 + 0.077 + 0.071 + 0.067 + 0.062 + \\ + 0.059 + 0.056 + 0.053 = 0.619,$$

अर्थात् सन्निकृत योगफल वास्तविक योगफल से 0.0003 (=सन्निकृत संख्याओं के आखिरी स्थान पर तिहाई इकाई) का अंतर रखता है। सन्निकृत योगफल में सभी तीन स्थान शुद्ध हैं, यद्यपि सिद्धांततः अंतिम अंक बिल्कुल अशुद्ध हो सकता था।

इन योज्य पदों का अब शतांश तक सन्निकरण करते हैं। योगफल की चरम त्रुटि $9 \cdot 0.005 = 0.045$ होगी। सन्निकरण के बाद: $0.09 + 0.08 + 0.08 + 0.07 + 0.07 + 0.06 + 0.06 + 0.06 + 0.05 = 0.62$। वास्तविक त्रुटि सिर्फ 0.0013 (=सन्निकृत संख्याओं के आखिरी स्थान पर $\frac{1}{8}$ इकाई) है।

अंतर (घटाव) की चरम सापेक्षिक त्रुटि अवकल्य और अवकारी की चरम सापेक्षिक त्रुटियों के योग से अधिक नहीं होती।

उदाहरण 4. मान लें कि सन्निकृत अवकल्य 85 की चरम सापेक्षिक त्रुटि 2 है और अवकारी 32 की चरम सापेक्षिक त्रुटि 3 है। अंतर $85 - 32 = 53$ की चरम सापेक्षिक त्रुटि $2 + 3 = 5$ होगी। बात यह है कि अवकल्य का वास्तविक

---

* ये पद $\frac{1}{11}, \frac{1}{12}, \frac{1}{13}, \ldots, \frac{1}{19}$ भिन्नों को चौथे स्थान तक की शुद्धता से दशमलव भिन्न में परिणत करने से प्राप्त होते हैं। पाठक कोई भी अन्य संख्याएं ले सकते हैं।

मान $85+2=87$ भी हो सकता है और अवकारी का वास्तविक मान $32-3=29$ भी हो सकता है। तब वास्तविक अंतर $87-29=58$ होगा, जो सन्निकृत अंतर 53 से 5 इकाई अधिक है।

योग और अंतर की चरम सापेक्षिक त्रुटि और भी सरलता से ज्ञात कर सकते हैं, यदि पहले चरम परम त्रुटि निर्धारित कर लें (§ 51)।

योगफल की चरम सापेक्षिक त्रुटि योज्य पदों की सापेक्षिक त्रुटियों में से निम्नतम व महत्तम त्रुटियों के बीच होती है। (घटाव के साथ यह बात नहीं है)। यदि हर योज्य पद की चरम सापेक्षिक त्रुटि एक जैसी है (या लगभग एक जैसी है), तो योगफल की चरम सापेक्षिक त्रुटि भी उतनी ही (या लगभग उतनी ही) होगी। यदि अन्य शब्दों में कहें, तो इस स्थिति में योगफल की शुद्धता (प्रतिशत में व्यक्त) योज्य पदों की शुद्धता से कम नहीं होती। यदि योज्य पदों की संख्या बहुत बड़ी हो, तो योगफल सामान्यतः पदों से अधिक शुद्ध होगा (कारण उदाहरण 2 की टिप्पणी में समझाया गया है)।

उदाहरण 5. योग $24.4+25.2+24.7=74.3$ के प्रत्येक पद की चरम सापेक्षिक त्रुटि एक जैसी है—$0.05 : 25=0.2\%$। योगफल की चरम सापेक्षिक त्रुटि भी इतनी ही होगी। यहां चरम परम त्रुटि 0.15 के बराबर है और चरम सापेक्षिक त्रुटि— $0.15 : 74.3 \approx 0.15 : 75=0.2\%$।

इसके विपरीत, सन्निकृत संख्याओं का अंतर अवकल्य और अवकारी से कम शुद्ध होता है। "शुद्धता की हानि" उस स्थिति में विशेष बड़ी होती है, जब अवकल्य तथा अवकारी एक-दूसरे से बहुत कम भिन्नता रखते हैं।

उदाहरण 6. पतली दीवार वाली नली का वाह्य और आंतरिक व्यास नापने पर क्रमशः निम्न मान मिले : 28.7 mm और 28.3 mm। अतः दीवार की मुटाई होगी $\frac{1}{2}\cdot(28.7-28.3)=0.2$ (mm)। अवकल्य (28.7) और अवकारी (28.3) की चरम सापेक्षिक त्रुटि समान है : $\delta=0.2\%$। अंतर की चरम सापेक्षिक त्रुटि ($=0.4$) को प्रतिशत में व्यक्त करने पर 25% मिलता है, यही बात चरम सापेक्षिक त्रुटि के आधे ($=0.2$) के लिये भी होगी।

उपरोक्त तथ्य से निष्कर्ष निकलता है कि जब भी संभव हो, इष्ट राशि का मान सन्निकृत संख्याओं के घटाव के रूप में प्राप्त करने की विधि से दूर रहना चाहिए (तुलना करें § 92, उदाहरण 9)।

गुणनफल की त्रुटि

गुणनफल की चरम सापेक्षिक त्रुटि सन्निकृत रूप से गुणकों की चरम सापे-

क्षिक त्रुटियों के योग के बराबर होती है। (चरम त्रुटि के शुद्ध मान के बारे में देखें उदाहरण 1 पर टिप्पणी)।

उदाहरण 1. मान लें कि सन्निकृत संख्याओं 50 और 20 को आपस में गुणा किया जा रहा है। यह भी मान लें कि पहली संख्या की चरम सापेक्षिक त्रुटि 0.4% है और दूसरी की 0.5%। इस स्थिति में गुणनफल $50\times20=1000$ की त्रुटि *लगभग* 0.9% होगी। देखें, प्रथम गुणक की चरम परम त्रुटि $50\cdot0.004=0.2$ है और दूसरे की $20\cdot0.005=0.1$ है। अतः गुणनफल का वास्तविक मान $(50+0.2)\cdot(20+0.1)=1009.02$ से अधिक नहीं होगा और $(50-0.2)(20-0.1)=991.02$ से कम भी नहीं होगा। यदि गुणनफल का वास्तविक मान 1009.02 है तो गुणनफल की त्रुटि $1009.02-1000=9.02$ है, और यदि 991.02 है, तो गुणनफल की त्रुटि $1000-991.02=8.98$ है। ये दोनों स्थितियां सबसे अवांछनीय हैं। कुछ भी हो, चरम परम त्रुटि 9.02 है। चरम सापेक्षिक त्रुटि $9.02:1000=0.902\%$, अर्थात् लगभग 0.9% है।

टिप्पणी. गुणा की चरम सापेक्षिक त्रुटि को वर्ण δ से द्योतित करते हैं, गुणकों की चरम सापेक्षिक त्रुटि को δ_1 व δ_2 से (उदाहरण 1 में $\delta_1=0.004$; $\delta_2=0.005$; $\delta=0.00902$)।

दो संगुणकों के लिए हमारे नियम का रूप होगा :

$$\delta\approx\delta_1+\delta_2.$$

δ का शुद्ध मान होगा

$$\delta=\delta_1+\delta_2+\delta_1\delta_2,$$

अर्थात् गुणन की चरम सापेक्षिक त्रुटि हमेशा अधिक है, बनिस्बत गुणकों की चरम सापेक्षिक त्रुटियों के योग के; दोनों का अंतर है गुणकों की चरम सापेक्षिक त्रुटियों के गुणनफल के बराबर। यह अंतर अक्सर इतना कम होता है कि उसे ध्यान में रखने की आवश्यकता नहीं पड़ती। उदाहरण 1 की शर्तों के अनुसार $\delta=0.004+0.005+0.004\cdot0.005=0.00902$ है। अंतर हुआ $0.00902-0.009=0.00002$, अर्थात् चरम सापेक्षिक त्रुटि के सन्निकृत मान का करीब 0.2 प्रतिशत। यह अंतर इतना कम है कि इसे ध्यान में रखना निरर्थक है।

उदाहरण 2. मान लें कि सन्निकृत संख्याओं 53.2 और 25.0 को आपस में गुणा करना है। प्रत्येक की चरम परम त्रुटि 0.05 है। अतः $\delta_1=0.05:53.2=0.009$; $\delta_2=0.05:25.0=0.002$। गुणनफल $53.2\cdot25.0=1330$ की चरम सापेक्षिक त्रुटि सन्निकृत रूप से $0.009+0.0020=$

0.0029 होगी। राशि $\delta_1 \cdot \delta_2 = 0.0009 \cdot 0.002 = 0.0000018$ इतनी छोटी है कि उसे ध्यान में रखना निरर्थक है। गुणनफल 1330 की चरम परम त्रुटि $1330 \cdot 0.0029 \approx 4$, अतः गुणनफल में इकाई का अंक (शून्य) गलत भी हो सकता है।

उदाहरण 3. कमरे का आयतन ज्ञात करें, यदि मापने पर लंबाई 4.57 m, चौड़ाइ 3.37 m, ऊँचाई 3.18 m मिलती है। (चरम परम त्रुटि हरेक में 0.005 m है)। दी हुई संख्याओं को गुणा करने पर आयतन 48.974862 m^3 मिलता है। यहां सिर्फ दो अंक निश्चित रूप से सही हैं, तीसरे में छोटी-सी त्रुटि हो सकती है। देखें : गुणकों की चरम सापेक्षिक त्रुटियाँ।

$\delta_1 = 0.005 : 4.57 \approx 0.0011$; $\delta_2 = 0.005 : 37 \approx 0.0015$;

$\delta_3 = 0.005 : 3.18 \approx 0.0016$ हैं।

गुणनफल की चरम सापेक्षिक त्रुटि है :

$\delta = 0.0011 + 0.0015 + 0.0016 = 0.0042$

गुणनफल की चरम परम त्रुटि $\Delta \approx 49.0 \cdot 0.0042 \approx 0.21$ होगी। अतः तीसरा सार्थक अंक ही अविश्वसनीय होने लगता है। इसका मतलब है कि कमरे का आयतन 49.0 m^3 मानना चाहिए।

गुणा में शुद्ध अंकों की गिनती

गुणा की त्रुटि का मूल्यांकन और सरलता से किया जा सकता है (मोटा-मोटी तौर पर), बनिस्बत § 39 की विधि से। इस मूल्यांकन का आधार निम्न नियम है :

मान लें कि दो सन्निकृत संख्याओं को गुणा किया जा रहा है; यह भी मान लें कि प्रत्येक में k सार्थक अंक हैं। इस स्थिति में गुणनफल का $(k-1)$-वां [k माइनस एक-वां] अंक निश्चित रूप से शुद्ध होगा, और k-वां अंक पूरा शुद्ध नहीं भी हो सकता है। पर गुणन की त्रुटि k-वें अंक की $5\frac{1}{2}$ इकाई से अधिक नहीं होती, सिर्फ अपवादजनित स्थितियों में इस सीमा के निकट पहुँचती है। यदि गुणकों के प्रथम अंक गुणा करने पर दस से बड़ी संख्या नहीं देते (अगली संख्याओं के प्रभाव को ध्यान में रख भी सकते हैं और नहीं भी), तो गुणनफल की त्रुटि k-वें अंक की इकाई से अधिक नहीं होती।

उदाहरण 1. तीन-तीन सार्थक अंकों वाली सन्निकृत संख्याओं **2.45** और 1.22 को गुणा करें। गुणनफल 2.9890 में प्रथम दो अंक निश्चित रूप से शुद्ध हैं। तीसरा अंक पूरी तरह से शुद्ध नहीं भी हो सकता है। गुणकों के

दिये हुए मान के लिए गुणनफल की चरम परम त्रुटि (इसे § 39 के उदाहरण 1 की भांति ज्ञात कर सकते हैं) तीसरे अंक की 1.8 इकाई (अर्थात् 0.0018) होती है, इसलिए वास्तविक त्रुटि सामान्यत: और भी कम होगी। इसीलिए तीसरे अंक को रख लेना चाहिए; चौथे अंक को रखने की कोई तुक नहीं है। सन्निकृत करने पर $2.45 \cdot 1.22 \approx 2.99$।

उदाहरण 2. सन्निकृत संख्याओं 46.5 व 2.82 को आपस में गुणा करते हैं। गुणनफल 131.130 में प्रथम दो अंक निश्चित रूप से सही हैं। चूँकि गुणकों के प्रथम अंकों का गुणनफल (अगले अंकों के प्रभाव को ध्यान में रखते हुए) 13 के बराबर है (संख्या 131.130 के प्रथम दो अंकों से बनी संख्या के बराबर है), इसलिए गुणनफल की त्रुटि इकाई से अधिक नहीं होती। दी हुई स्थिति में गुणनफल की चरम परम त्रुटि 0.37 से अधिक नहीं होती; वास्तविक त्रुटि सामान्यतया और भी कम होती है। इसलिए तीसरे अंक को रख लेना चाहिए। चौथे अंक को (जो पूरी तरह शुद्ध नहीं है) सुरक्षित रखना तभी उपयोगी होता है, जब गुणनफल के साथ और आगे संक्रियाएं संपन्न करनी होती हैं।

तीन, चार, पांच,... सन्निकृत संख्याओं को आपस में गुणा करने पर चरम त्रुटि उसी अनुपात में बढ़ती जाती है (अर्थात् उपरोक्त मान की तुलना में डेढ़, ढाई आदि गुनी अधिक होती जाती है)। फिर भी, कम संख्या में गुणकों के होने पर अधिकांश स्थितियों में वास्तविक त्रुटि उन्हीं सीमाओं में रह जाती है (त्रुटियों के पारस्परिक प्रतिकार के कारण, तुलना करें § 38)।

व्यावहारिक निष्कर्ष

1. समान संख्या में सार्थक अंक रखने वाली सन्निकृत संख्याओं के गुणनफल में भी उतने ही सार्थक अंक रखने चाहिए। इनमें से आखिरी अंक पूरी तरह सही नहीं होगा।

2. यदि कुछ गुणकों में सार्थक अंकों की संख्या बाकी से अधिक है, तो उन्हें सन्निकृत कर उनमें उतने ही सार्थक अंक रखने चाहिए, जितने सबसे कम अंकों वाले गुणक में हों। एक अतिरिक्त भी रखा जा सकता है, जो शायद आगे की संक्रियाओं में काम आ जाये।

3. यदि गुणनफल में n विश्वस्त सार्थक अंकों की आवश्यकता हो, तो हर गुणक में $n+1$ शुद्ध सार्थक अंक होने चाहिए (ये प्रत्यक्ष माप से भी प्राप्त हो सकते हैं, या कलन से भी)।

यदि गुणकों की संख्या दो से अधिक हो और दस से कम हो, तो प्रत्येक

में अंकों की संख्या आवश्यक संख्या से दो अधिक होनी चाहिए। यह पूर्ण आश्वासन के लिए जरूरी है, अन्यथा व्यवहारतः एक अतिरिक्त अंक रख लेने से ही काम चल जाता है।

उदाहरण 3. गुणनफल $\frac{1}{3}\cdot\frac{1}{7}\cdot\frac{1}{11}\cdot\frac{1}{13}=\frac{1}{3003}$ को दशमलव भिन्न में परिणत करें। चार सार्थक अंक लेने पर 0.0003330 प्राप्त होता है। मान लें कि हमें गुणकों के सिर्फ सन्निकृत मान ज्ञात हैं :

$$\frac{1}{3}=0.33333,\ \frac{1}{7}\quad 0.14286,\ \frac{1}{11}=0.09091,$$
$$\frac{1}{13}=0.07692.$$

यह भी मान लें कि गुणनफल हमें दो सार्थक अंकों में प्राप्त करना है। पूर्ण आश्वासन के लिए हमें प्रत्येक गुणक चार सार्थक अंकों में लेना चाहिए, $0.3333\cdot0.1429\cdot0.09091\cdot0.07692$ को गुणा करना चाहिए।

(i) $0.3333\cdot0.1429=0.04762857$ प्राप्त करते हैं।

(ii) अगला गुणन :

$$0.04763\cdot0.0909=0.0043300433.$$

(iii) चार सार्थक अंक रख कर आखिरी गुणन संपन्न करें (यहां तीन सार्थक अंक रखने पर भी काम चल जायेगा) :

$$0.004330\cdot0.07692=0.0003331$$

प्रथम दो सार्थक अंक निश्चित रूप से सही हैं, अतः इष्ट संख्या 0.00033 है। तीसरे सार्थक अंक की पूर्ण शुद्धता का पहले से कोई आश्वासन नहीं दिया जा सकता। पर यहां वह भी शुद्ध है। चौथा सार्थक अंक पूरी तरह शुद्ध नहीं है, पर तदनुरूप श्रेणी में त्रुटि इकाई से अधिक नहीं होगी।

यदि कलन तीन अंकों के साथ संपन्न करें, तो गुणनफल में दूसरे अंक के बारे में कोई आश्वासन नहीं दिया जा सकता। लेकिन वास्तव में तीसरा अंक भी सही होगा। देखें :

(i) $0.333\cdot0.143=0.047619;$

(ii) $0.0476\cdot0.0909=0.00432684;$

(iii) $0.00433\cdot0.0769=0.000333.$

यदि गुणन तीन के बजाय दो अंकों के साथ किया जाये, तो गुणनफल 0.00032 होगा, अर्थात् त्रुटि दूसरे अंक के 1.3 इकाई के बराबर होगी।

§ 56. संक्षिप्त गुणा

परिशुद्ध संख्याओं को गुणा करने के नियमों को सन्निकृत संख्याओं के

गुणा पर लागू करने से उन अंकों के कलन पर हम समय और श्रम व्यर्थ ही व्यय करते हैं, जिन्हें बाद में छोड़ देना पड़ता है। कलन की प्रकिया को अधिक उपयोगी रूप दिया जा सकता है, यदि निम्न नियमों का पालन किया जाये :

(1) गुणा निम्न श्रेणी के अंक से नहीं, उच्च श्रेणी के अंक से शुरू करते हैं; गुणक की उच्चतम श्रेणी के अंक से गुण्य में गुणा पूरी तरह संपन्न करते हैं।

(2) गुणक की अगली (बायें से दूसरी) श्रेणी से गुणा करते वक्त गुण्य का अंतिम अंक (निम्नतम श्रेणी) काट देते हैं; गुणा लघुकृत गुण्य से करते हैं, पर फल में गुणक की विचाराधीन श्रेणी और गुण्य की काटी गयी श्रेणी का सन्निकृत गुणनफल जोड़ देते हैं।

(3) गुणक की तीसरी श्रेणी (बायें से) के साथ गुणा करने के पहले गुण्य की अगली निम्नतम श्रेणी काट देते हैं; गुणा इसी प्रकार से गुणक की बची हुई श्रेणियों से करते जाते हैं और हर बार छोड़ी गयी श्रेणी का प्रभाव कलन में सम्मिलित करते जाते हैं।

(4) सभी गुणनफलों को इस प्रकार लिखते हैं कि उनकी निम्नतम श्रेणियां एक के नीचे एक रहें।

(5) दशमलव बिंदु का स्थान निर्धारित करने के लिए खास नियम हैं, पर अधिक व्यावहारिक होगा, यदि आप पहले से ही गुणनफल का एक मोटा-मोटी मूल्यांकन कर लें। गलती न हो, इसके लिए गुणक की काम आयी श्रेणियों को काटते जाने की सलाह दी जाती है।

उदाहरण 1. सन्निकृत संख्याओं को गुणा करें : 6.7428·23.25। पहले सार्थक अंकों की संख्या बराबर करते हैं : प्रथम गुणक में से अंक 8 हटा देते हैं और इसके पूर्व के अंक 2 की जगह 3 लिखते हैं। कलन में संक्रियाओं के क्रम का आरेख निम्न है :

आलेख :

```
   6.743
×  23.25
--------
   13486
+   2023
     135
      34
--------
  156.78
```

(1) दशमलव बिंदु पर बिना कोई ध्यान दिये संख्या 6743 में 2 से गुणा करते हैं, गुणनफल 13486 पूर्ण रूप में लिखते हैं; गुणा सामान्य विधि से करते हैं, अर्थात् $2 \times 3 = 6$ से शुरू करते हैं और इस 6 को गुणकों की निम्नतम श्रेणी के नीचे रखते हैं।

(2) गुणक का काम आ चुका अंक 2 और गुण्य का अंतिम अंक 3 काट देते हैं; गुणक की अगली श्रेणी के अंक 3 से लघुकृत गुण्य 674 में

गुणा करते हैं; गुणा $3 \times 4 = 12$ से शुरू करते हैं, पर इस 12 में 1 जोड़ कर 13 बना देते हैं, क्योंकि गुण्य के छोड़े गये अंक 3 में गुणक 3 से गुणा करने पर $9 \approx 10$ मिलता, जिसका अंक 1 हाथ में रखना पड़ता है और गुणनफल 3×4 में जोड़ना पड़ता है। गुणनफल की निम्नतम श्रेणी (3) पिछले गुणनफल की निम्नतम श्रेणी (6) के नीचे लिखते हैं।

(3) गुणक में बायें से दूसरा अंक और गुण्य में दायें से दूसरा अंक काट देते हैं; गुणक के तीसरे अंक 2 से लघुकृत गुण्य 67 में गुणा करते हैं; इस 2 से गुण्य के अभी-अभी छोड़े गये अंक 4 में गुणा करने पर $8 \approx 10$ मिलता, अत: $2 \times 7 = 14$ में 1 जोड़ कर 15 बना लेते हैं।

(4) अंत में गुणक में 2 और गुण्य में 7 भी काट देते हैं; 5 से 6 में गुणा करते हैं, पर यह ध्यान में रखते हुए कि $5 \times 7 = 35$ के 3 की बजाय गुणनफल $5 \times 6 = 30$ में 4 जोड़ लेना चाहिए (तीन की बजाय चार जोड़ना अधिक अच्छा होगा क्योंकि 7 के पहले अन्य अंक भी तो छोड़े गये हैं, जिनमें 6 से गुणा होता)।

(5) सभी गुणनफलों को जोड़कर 15678 प्राप्त करते हैं।

दशमलव बिंदु का स्थान निर्धारित करने के लिए गुणकों को बहुत ही मोटा-मोटी सन्निकृत करते हैं—गुण्य की जगह सिर्फ 6 लेते हैं और गुणक की जगह सिर्फ 20। इष्ट गुणनफल को 120 के निकट होना चाहिए, अर्थात् उसके पूर्णांक में तीन अंक होने चाहिए। इसीलिए प्राप्त गुणनफल में दशमलव बिंदु दायें से तीन अंक के बाद रखते हैं। अर्थात् उत्तर 156.78 होगा, न कि 15.678 या 1567.8। इस उत्तर में सिर्फ प्रथम चार अंक विश्वसनीय हैं। अंतिम अंक (जिसमें तीन इकाइयों तक की त्रुटि हो सकती है) परिणाम को सन्निकृत करने के लिए काम में लाते हैं, जिससे मिलता है 156.8।

उदाहरण 2. 674.3·232.5। गुणा पिछले उदाहरण की भाँति संपन्न करते हैं। फल 15678 में दशमलव बिंदु निर्धारित करते हैं। स्थूल गुणन से $600 \cdot 200 = 120000$ मिलता है, जिसमें छ: अंक हैं। पर हमारे गुणनफल में सिर्फ पांच अंक हैं, अत: दायें से एक शून्य और बैठा देते हैं; दशमलव बिंदु का स्थान इन सारे अंकों के बाद आयेगा, अर्थात् उत्तर पूर्ण संख्या 156 780 के रूप में प्राप्त होगा। चूँकि आखिरी अंक (शून्य) निश्चय ही गलत है, इसलिए उत्तर का रूप होगा $15678 \cdot 10$ या $1568 \cdot 10^2$ (दे. § 49)।

§ 57. सन्निकृत संख्याओं का भाग

नियम 1. *भागफल की चरम सापेक्षिक त्रुटि सन्निकृत रूप से भाजक और भाज्य की चरम सापेक्षिक त्रुटियों के योगफल के बराबर होती है (तुलना करें § 54)।*

उदाहरण 1. सन्निकृत संख्या 50.0 में सन्निकृत संख्या 20.0 से भाग दें। भाज्य और भाजक की चरम परम त्रुटियां 0.05 हैं। अत: भाज्य की चरम सापेक्षिक त्रुटि $\frac{0.05}{50.0}=0.1\%$ है और भाजक की चरम सापेक्षिक त्रुटि $\frac{0.05}{20.0}=0.25\%$ है। भागफल $50.0 : 20.0=2.50$ की चरम सापेक्षिक त्रुटि लगभग रूप में $0.1\%+0.25\%=0.35\%$ होनी चाहिए।

सचमुच में, भागफल का वास्तविक मान $(50.0+0.05):(20.0-0.05)=2.50877$ से अधिक नहीं हो सकता और $(50.0-0.05):(20.0+0.05)=2.49127$ से कम नहीं हो सकता। यदि भागफल का वास्तविक मान 2.50877 है, तो परम त्रुटि $2.50877-2.50=0.00877$ होती है। पर यदि वास्तविक मान 2.49127 है, तो परम त्रुटि $2.50-2.49127=0.00873$ होती है। ये स्थितियां सबसे अधिक प्रतिकूल हैं। इसका मतलब है कि चरम सापेक्षिक त्रुटि $0.00877 : 2.50=0.00351$ है, जो सन्निकट रूप से 0.35% के बराबर है।

टिप्पणी. चरम सापेक्षिक त्रुटि का शुद्ध मान नियम 1 से कलित सन्निकृत मान की तुलना में हमेशा ही अधिक होता है। दोनों का प्रतिशत अंतर भाजक की चरम सापेक्षिक त्रुटि के लगभग होता है। हमारे उदाहरण में यह प्रतिशत अंतर 0.0001 है, जो 0.0035 का 0.29% है, जबकि भाजक की चरम सापेक्षिक त्रुटि 0.25% के बराबर है।

उदाहरण 2. भागफल $2.81 : 0.571$ की चरम परम त्रुटि ज्ञात करें।

हल. भाज्य की चरम सापेक्षिक त्रुटि $0.005 : 2.81=0.2\%$ है; भाजक की $0.0005 : 0.571=0.1\%$; भागफल की $0.2\%+0.1\%=0.3\%$। भागफल की चरम परम त्रुटि होगी (लगभग) $\frac{2.81}{0.571}\cdot 0.003=0.015$। इसका मतलब है कि भागफल $2.81 : 0.571=4.92$ में तीसरे सार्थक अंक से अशुद्धि शुरू होने लगेगी।

भाजक की शुद्धता का अधिक सरल, पर अधिक स्थूल मूल्यांकन शुद्ध अंकों की गिनती (दे. § 55) पर आधारित है। मूल्यांकन निम्न है :

नियम 2. *मान लें कि भाजक और भाज्य में से प्रत्येक में k सार्थक अंक हैं। तब भागफल की परम त्रुटि सबसे बुरी स्थिति में $(k-1)$-वें स्थान पर 1.05*

इकाई के *निकट होगी* (इस मान तक वह कभी पहुँच नहीं सकेगी)।

जैसा कि हम देखते हैं, भागफल की चरम त्रुटि सैद्धांतिक रूप से गुणनफल की चरम त्रुटि से दुगुनी अधिक है (तुलना करें § 55)। पर वास्तविकता में भागफल की त्रुटि k-वें अंक में 5 इकाई से अधिक सिर्फ अपवादस्वरूप ही होती है (हजार में एक बार कभी)। इसीलिए *भागफल में उतने ही सार्थक अंक रखने चाहिए, जितने भाजक और भाज्य में हो।*

यदि भाजक और भाज्य में से किसी एक में सार्थक अंकों की संख्या अधिक है, तो उनमें से अतिरिक्त अंकों को हटा देना चाहिए, प्रथम अतिरिक्त अंक को रखा भी जा सकता है (जो आगे सन्निकरण में काम आ सकता है)।

यदि आवश्यक हो कि भागफल में पहले से दी हुई संख्या जितने सार्थक अंक हों, तो भाजक और भाज्य में *इससे एक अधिक सार्थक अंक होना चाहिए।*

संक्षिप्त भाग

फालतू कलन से बचने के लिए सन्निकृत संख्याओं का भाग निम्न विधि से संपन्न किया जा सकता है :

(1) दशमलव बिंदु की उपेक्षा करते हैं और भागफल का पहला अंक उसी तरह से प्राप्त करते हैं, जैसे पूर्ण संख्याओं के भाग में। यदि भाज्य के सार्थक अंक अधिक बड़ी संख्या बनाते हैं, बनिस्बत भाजक के सार्थक अंक (दोनों संख्याओं को पूर्ण मान लेते हैं) के, तो भागफल के पहले अंक से भाजक में पूरी तरह गुणा कर देते हैं। विपरीत स्थिति में भाजक का आखिरी अंक काट देते हैं और लघुकृत भाजक में गुणा करते हैं, लेकिन गुणनफल में काटे गये अंक का प्रभाव (उसमें गुणा करने से हाथ में बची हुई राशि) शामिल कर लेते हैं। यथा, यदि 2262 में 7646 से भाग देते हैं, तो भागफल का प्रथम अंक 2 मिलता है ($22 : 7 = 3\frac{1}{7}$, पर 3 यहां नहीं चलेगा, 2 लेते हैं)। 2 से 764 में गुणा करते हैं, गुणनफल में 1 जोड़ देते हैं यह $2 \cdot 6 = 12$ से हाथ में आया हुआ 1 है)। यह लघुकृत भाजक के अंतिम अंक में गुणा करते ही, उसी वक्त, जोड़ते हैं।

(2) भाजक (या लघुकृत भाजक) में भागफल से गुणा करने से प्राप्त फल भाज्य के नीचे लिखते हैं - इस तरह से कि हर श्रेणी तदनुरूप श्रेणी के नीचे ही रहे। इसके बाद शेष ज्ञात करते हैं।

(3) अब शेष पर शून्य बैठाने की बजाय भाजक का अंतिम अंक काट

कर उसे छोटा करते हैं (यदि वह पहले छोटा किया जा चुका है, तो अब बचे हुए आखिरी अंक को काटते हैं)। भागफल का दूसरा अंक चुन लेने के बाद उससे भाजक में गुणा करते हैं (काटे गये अंक का प्रभाव शामिल करते हुए)।

(4) गुणनफल प्रथम शेष के नीचे लिखते हैं—इस तरह से कि हर श्रेणी तदनुरूप श्रेणी के नीचे रहे।

(5) शेष पर शून्य बैठाने की बजाय भाजक को और छोटा करते हैं (अंतिम अंक काट देते हैं)।

(6) भागफल प्राप्त करके स्थूल मूल्यांकन द्वारा दशमलव बिंदु की स्थिति निर्धारित करते हैं।

उदाहरण 1. 58.83 : 9.658.

आलेख :

58.83	9.658
−57.95	6.092
88	
−86	
2	
−2	

(1) चूँकि 5883 कम है, बनिस्बत 9.658 के, इसलिए भाजक का अंतिम अंक 8 शुरू में ही काट देते हैं। भागफल का प्रथम अंक 6 है। 6 से 965 में गुणा करते हैं, यह ध्यान में रखते हुए कि काटे गये अंक से 5 इंकाई हाथ आती है ($6 \cdot 8 = 48$; 8 काट देते हैं 4 को 5 तक सन्निकृत करते हैं)।

(2) गुणनफल 5795 को भाज्य के नीचे लिखते हैं, इस तरह से कि हर श्रेणी के नीचे समान श्रेणी आये। शेष 88 है।

(3) अब भाजक का अंत से दूसरा अंक 5 काटते हैं। लघुकृत भाजक **96** से भाज्य 88 में एक बार भी भाग नहीं आता; **भागफल में अगला अंक शून्य रखते हैं**; कोई गुणा करने की जरूरत नहीं है।

(4) द्वितीय शेष ज्ञात करने की भी जरूरत नहीं है।

(5) भाजक का एक और अंक 6 काट देते हैं। लघुकृत भाजक 9 शेष 88 में 9 बार आता है। काटी हुई संख्या का प्रभाव शामिल करने पर $9 \cdot 9 + 5 = 86$ मिलता है। शेष $88 - 86 = 2$ है। संक्रिया यहीं पर खत्म नहीं हो जाती। अंतिम बचे हुए अंक को काट देने पर, लेकिन परिणाम पर उसके प्रभाव का लेखा रखने पर, भागफल में एक और अंक 2 मिल जाता है ($2 \cdot 9 = 18$; 8 हटा देते हैं, 1 को 2 तक सन्निकृत कर लेते हैं)। भागफल का आखिरी अंक और भी सरलतापूर्वक प्राप्त हो सकता है, यदि शेष 2 पर एक शून्य बैठा दें और 9 से भाग दे दें :— $20 : 9 \approx 2$।

(6) दशमलव बिंदु का स्थान स्थूल मूल्यांकन द्वारा होता है। भाज्य पूर्णांक

में भाजक के पूर्णांक से भाग देते हैं :—58 : 9 ≈ 6, अर्थात् भागफल का पूर्णांक सिर्फ एक अंक रखता है। अतः भागफल 6.092 होगा, न कि 60.92 या 6092 आदि।

भागफल के सभी अंक विश्वसनीय हैं।

उदाहरण 2. 98.10 : 0.3216.

आलेख :

```
 98.10 | 0.3216
-96.48 | 305.0
------
  1.62
 -1.61
------
     1
```

(1) 9810 बड़ा है बनिस्बत कि 3216। भागफल के प्रथम अंक 3 से भाजक 3216 में गुणा करते हैं। 9648 प्राप्त होता है।

(2) शेष 162 है।

(3) भाजक का अंतिम अंक 6 काट देते हैं। लघुकृत भाजक 321 भाज्य में एक बार भी नहीं आता; भागफल का दूसरा अंक शून्य है।

(4) व (5). भाजक का एक और अंक 1 काट देते हैं; शेष 162 में लघुकृत भाजक 32 से भाग संभव है; भागफल का तीसरा अंक 5 है। इससे 32 में गुणा करने पर और काटे गये अंक के प्रभाव का लेखा लेने पर 161 प्राप्त होता है। घटाने पर शेष 1 मिलता है। भाजक में संख्या 2 काट देते हैं। लघुकृत भाजक 3 से शेष 1 में भाग नहीं होता। अतः भागफल का अंतिम अंक शून्य है।

(6) दशमलव बिंदु प्रदत्त संख्याओं के स्थूल सन्निकरण के आधार पर रखते हैं : 98.10 की जगह पर 100 और 0.3216 की जगह पर 0.3 लेते हैं और देखते हैं कि 100 : 0.3 ≈ 300, अर्थात् भागफल के पूर्णांक में 3 सार्थक अंक हैं। अतः भागफल 305.0 है।

सन्निकृत संख्याओं का घातन और मूलन

घातसूचक के पूर्णांक होने पर घातन गुणा को दुहराने की क्रिया है, अतः इस स्थिति में §§ 55-56 की सभी बातें लागू होती हैं। यदि घातकोटि बहुत बड़ी नहीं है, तो परिणाम में विश्वस्त अंक उतने ही होते हैं, जितने दी गयी संख्या में; अशुद्धि यदि होती भी है, तो बहुत कम और वह भी सिर्फ आखिरी अंक में। यदि घातकोटि बहुत बड़ी है, तो छोटी अशुद्धियां जमा हो-होकर उच्च श्रेणियों में स्थित अंकों को प्रभावित कर सकती हैं।

किसी भी कोटि का मूल निकालने पर परिणाम में विश्वस्त अंक कम से कम उतने जरूर होते हैं, जितने मूलाधीन संख्या में। अतः सन्निकृत संख्या 40.00 का वर्ग मूल निकालने पर परिणाम में चार विश्वस्त अंक प्राप्त किये जा सकते

हैं ($\sqrt{40.00} \approx 6.324$)।*

स्कूलों में वर्गमूल निकालने की जो विधि सिखायी जाती है, वह लंबी और बोझिल होती है, उसे याद रखना कठिन होता है और उसका सैद्धांतिक आधार समझना छात्रों के लिए दुष्कर होता है। नीचे हम वर्गमूल निकालने की एक सरल और सुगमता से याद होने वाली विधि दे रहे हैं, जिसकी सहायता से आप किसी भी कोटि की परिशुद्धता से परिणाम ज्ञात कर सकते हैं। इस विधि का वर्णन लगभग 2000 वर्ष पूर्व ग्रीक विद्वान हेरोन ने किया था (उन्होंने साधारण भिन्नों का उपयोग किया था; हम दशमलव भिन्नों का उपयोग करेंगे)। इस विधि का उपयोग तीसरी (या अधिक उच्च) कोटि का मूल निकालने के लिए भी किया जा सकता है (देखें § 60)।

वर्गमूल निकालने की विधि. वर्गमूल निकालने के लिए प्रथम सन्निकरण के रूप में एक संख्या (मूल) अंदाज से चुन लेते हैं और इसके बाद निम्न क्रम का अनुसरण करते हैं :

(1) मूलाधीन संख्या में प्रथम सन्निकृत मूल से भाग देते हैं; यदि भागफल और चुनी गयी संख्या (मूल) के बीच अनुमत त्रुटि से अधिक का अंतर नहीं है, तो चुनी गयी संख्या ही मूल है।

(2) अन्यथा, भागफल और भाजक का समांतरी औसत (§ 60) ज्ञात करते हैं। यह समांतरी औसत वर्गमूल का अधिक शुद्ध मान देता है (द्वितीय सन्निकरण)। यदि प्रथम सन्निकरण बिल्कुल ठीक-ठाक नहीं भी हो, तो द्वितीय सन्निकरण में तीन विश्वस्त अंक मिल जाते हैं और, वैसे, 4 से कम विश्वस्त अंक नहीं मिलते। समान्यतौर पर हर सन्निकरण के बाद विश्वस्त अंकों की संख्या पिछली की अपेक्षा दुगुनी हो जाती है।

(3) द्वितीय सन्निकरण का भी वैसे ही परीक्षण करते हैं, जैसे प्रथम का, अर्थात् मूलाधीन संख्या में द्वितीय सन्निकृत मूल से भाग देते हैं। यदि परिणाम की शुद्धता पर्याप्त न हो, तो द्वितीय की भांति ही तीसरा सन्निकृत मूल ज्ञात करते हैं, आदि।

टिप्पणी. उपरोक्त विधि में गलती का डर नहीं रहता; जोड़-घटाव, गुणा-

---

* यदि वर्गमूल उस विधि से निकाला जाये, जो अक्सर स्कूल में सिखायी जाती है, तो परिणाम 6.324 प्राप्त करने के लिए मूलाधीन संख्या को 40.000000 के रूप में लिखना होगा, अर्थात् उसमें दायीं ओर चार और शून्य बैठाने पड़ेंगे। ये शून्य *अविश्वस्त* अंक हैं, पर इनकी सहायता से प्राप्त परिणाम विश्वस्त हैं। शून्य के बदले चार मनचाहे अंक लिखने से भी परिणाम वही रहेगा।

भाग की अंकगणितीय गलतियां अगले चरणों में स्वयं ठीक हो जाती हैं। विधि में एक ही बुराई है कि कलन-प्रक्रिया धीमी पड़ जाती है।

उदाहरण 1. $\sqrt{40.00}$ मूलाधीन संख्या में चार विश्वस्त अंक हैं, इसलिए चार से अधिक अंक कलित करना निरर्थक है। मूल के चार प्रथम अंक ढूंढ़ते हैं :

प्रथम सन्निकरण में 6 और 7 के बीच की कोई संख्या लेनी चाहिए (क्योंकि $6^2 = 36$ मूलाधीन संख्या से कम है और $7^2 = 49$ उससे अधिक है।) इन सीमा-बिंदुओं के बीच कोई भी संख्या ले सकते हैं, पर श्रम की बचत के लिए 6.5 से कम की कोई संख्या लेंगे (क्योंकि मूलाधीन संख्या 6^2 के अधिक निकट है बनिस्बत 7^2 के)। उदाहरण के लिए 6.4 लेते हैं (6.2 या 6.3 भी ले सकते हैं, पर 6.1 लेना बेकार होगा; यह 6 के बहुत निकट है)। आगे निम्न क्रियाएं करते हैं :

(1) मूलाधीन संख्या 40.00 में प्रथम सन्निकरण 6.4 से भाग देते हैं। प्राप्त होता है $40.00 : 6.4 = 6.25$। भागफल 6.25 दूसरे अंक में ही भाजक 6.4 से इतर हो जाता है। परिणाम 6.4 पर्याप्त शुद्ध नहीं है।

(2) द्वितीय सन्निकरण के रूप में भाजक और भागफल का समांतरी औसत लेते हैं। प्राप्त होता है $(6.40 + 6.25) : 2 = 6.325$। आशा की जा सकती है कि इस द्वितीय सन्निकरण में सभी चार नहीं, तो कम से कम प्रथम तीन अंक जरूर विश्वस्त हैं।

(3) जांच के लिए मूलाधीन संख्या 40.00 में द्वितीय सन्निकृत मूल 6.325 से भाग देते हैं (भाग पूरे चार अंकों तक देते हैं) : $40.00 : 6.325 \approx 6.324$। भागफल 6.324 भाजक 6.325 से सिर्फ चौथे अंक में इकाई इतर है। इससे निष्कर्ष निकलता है कि मूल ज्ञात हो गया है (इष्ट शुद्धता-कोटि से)।

सचमुच ही, संख्या 6.324 का वर्ग लेने पर, अर्थात् इसे 6.324 से गुणा करने पर ऐसी संख्या प्राप्त होती है जो गुणनफल $6.324 \cdot 6.325 \approx 40.00$ से कुछ कम होती है। यदि संख्या 6.325 का वर्ग लिया जाये, तो $6.325 \cdot 6.324 \approx 40.00$ से कुछ बड़ी संख्या मिलेगी। अतः इष्ट वर्गमूल संख्या 6.324 (या 6.325) से चौथे अंक में इकाई इतर होता है : $\sqrt{40.00} \approx 6.324$ (सभी चार अंक विश्वस्त हैं)।

उदाहरण 2. $\sqrt{23.5}$ इष्ट मूल 4 व 5 के बीच है, और 4 की अपेक्षा 5 के निकट है (क्योंकि 23.5 संख्या 16 की अपेक्षा संख्या 25 के निकट है)। प्रथम सन्निकरण में गोलमटोल संख्या 5.0 लेते हैं।

(1) मूलाधीन संख्या 23.5 में प्रथम सन्निकरण 5.0 से भाग देते हैं (तीन सार्थक अंकों तक) : 23.5 : 5.0 = 4.70।

(2) दूसरे सन्निकरण के रूप में समांतरी औसत (5.00 + 4.70) : 2 = 4.85 लेते हैं। आशा कर सकते हैं कि सभी तीन अंक शुद्ध हैं।

(3) जांच के लिए मूलाधीन संख्या 23.5 में द्वितीय सन्निकरण 4.85 से भाग देते हैं। प्राप्त होता है 23.5 : 4.85 ≈ 4.85। चूँकि भागफल तीन अंकों की परिशुद्धता से भाजक के बराबर है, इसलिए वर्गमूल (महत्तम संभव शुद्धता से) ज्ञात होता है : $\sqrt{23.5} \approx 4.85$।

टिप्पणी. यदि मूलाधीन संख्या कोई दशमलव भिन्न है और उसके पूर्णांक वाले हिस्से में सिर्फ एक सार्थक अंक या शून्य है, तो प्रथम सन्निकरण ढूँढ़ने के लिए दशमलव बिंदु को 2, 4, 6, आदि स्थान दायें खिसका लेने की सलाह दी जाती है, ताकि पूर्णांक वाले हिस्से में कुछ सार्थक अंक आ जायें। इसके बाद उदाहरण 1 व 2 का अनुसरण करते हैं; अंतिम परिणाम में दशमलव बिंदु को 1, 2, 3, आदि स्थान वापस बायें खिसका देते हैं। इसी तरह से, जब मूलाधीन संख्या में कोई बहुअंकी पूर्णांक होता है, तब दशमलव बिंदु को 2, 4, 6, आदि घर बायें खिसकाते हैं और अंतिम परिणाम में 1, 2, 3, आदि घर दायें वापस कर देते हैं।

मूलाधीन संख्या में दशमलव बिंदु को *सिर्फ सम संख्या जितने* अंक पार करा सकते हैं।

उदाहरण 3. $\sqrt{0.008732}$. दशमलव बिंदु को चार अंक (घर) दायें खिसकाते हैं। इससे प्राप्त होता है 87.32; प्रथम सन्निकरण में सिर्फ पूर्णांक पर ध्यान देंगे। प्रथम सन्निकरण के रूप में, उदाहरणतया, संख्या 9.3 लेते हैं।

(1) 87.32 में 9.3 से भाग देते हैं। चार सार्थक अंकों तक भाग देकर 87.32 : 9.3 ≈ 9.389 प्राप्त करते हैं।

(2) समांतरी औसत (9.300 + 9.389) : 2 ≈ 9.344 मिलता है।

(3) जांच के लिए भाग 87.32 : 9.344 ≈ 9.345 संपन्न करते हैं। इसका मतलब है कि दोनों ही संख्याओं 9.344 और 9.345 में सभी चार अंक विश्वस्त हैं (पहली संख्या अपर्याप्त सन्निकरण है और दूसरी अतिरिक्त सन्निकरण है)।

(4) चूँकि शुरू में हम दशमलव बिंदु को चार घर दायें खिसका चुके हैं, इसलिए अब उसे वापस दो घर बायें खिसकाते हैं। प्राप्त होता है :

$$\sqrt{0.008732} \approx 0.09344.$$

उदाहरण 4. $\sqrt{8732000}$. दशमलव बिंदु को 6 अंक बायें ले जाते हैं,

जिससे प्राप्त होता है 8.732 (यदि बिंदु को चार अंक दायें खिसकायेंगे, तो 873.2 मिलेगा, पिछले उदाहरण की भाँति 87.32 नहीं !)। प्रथम सन्निकरण के लिए संख्या 3 लेते हैं।

(1) $8.732 : 3 = 2.911$.

(2) $(3.000 + 2.911) : 2 = 2.955$.

प्रथम चरण में ही स्पष्ट हो जाता है कि प्रथम सन्निकरण (3.000) में दो सही अंक थे। अतः आशा की जा सकती है कि दूसरे सन्निकरण में 4 अंक विश्वस्त होंगे। जाँच से यह शुद्ध हो जाता है।

(3) चूँकि शुरू में हम दशमलव बिंदु 6 घर बायें ले गये थे तो अब उसे उल्टी दिशा में, तीन घर दायें लाते हैं :

$$\sqrt{8732000} \approx 2955.$$

घनमूल निकालने के नियम

किसी संख्या का घनमूल निकालने के लिए पहले अंदाज से एक सन्निकरण करते हैं, फिर निम्न क्रम का अनुसरण करते हैं।

(1) प्रथम सन्निकृत मूल से दो बार भाग देते हैं (तुलना करें §44 के नियम से) : पहले मूलाधीन संख्या में भाग देते हैं, फिर प्राप्त भागफल में भाग देते हैं। यदि दूसरे विभाजन का फल प्रथम सन्निकरण से (अर्थात् भाजक से) अनुमत त्रुटि से ज्यादा का अंतर नहीं रखता, तो मानते हैं कि घनमूल ज्ञात हो चुका है।

(2) विपरीत स्थिति में तीन संख्याओं—दो बार भाजक और अंतिम भागफल—को लेकर समांतरी औसत ज्ञात करते हैं। (इस कदम की आवश्यकता उदाहरण 1 में समझायी गयी है)। इससे द्वितीय सन्निकरण प्राप्त होता है; यदि प्रथम सन्निकरण मूल के पर्याप्त निकट हो, तो द्वितीय सन्निकरण में तीन अंक विश्वस्त होंगे, चौथे अंक में ज्यादा से ज्यादा 1 की गड़बड़ी होगी।

(3) द्वितीय सन्निकरण की भी जाँच की जा सकती है, जैसे प्रथम सन्निकरण की हुई थी, पर प्रक्रिया अधिक उबाने वाली होती है।

उदाहरण 1. $\sqrt[3]{785.0}$ इष्ट मूल 9 और 10 के बीच है। प्रथम सन्निकरण के लिए 9.2 लेते हैं (क्योंकि मूलाधीन संख्या 9^3 से चार गुना निकट है, बनिस्बत कि 10^3 से)।

(1) मूलाधीन संख्या में पहले 9.2 से भाग देते हैं। फिर भागफल $785.0 : 9.2$ में 9.2 से भाग देते हैं। इसके बजाय 785.0 में सीधा

$9.2^2 = 84.64$ से भाग देते हैं :

$785.0 : 9.2 : 9.2 = 785.0 : 84.64 \approx 9.275.$

जैसा कि देखते हैं, प्रथम सन्निकरण में दो अंक (9 और 2) विश्वस्त हैं। द्वितीय सन्निकरण का फल उत्तम हो, इसके लिए इस बात पर ध्यान दें कि मूलाधीन संख्या 785.0 तीन असमान संख्याओं के गुणनफल के बराबर है : $785.0 = 9.2 \cdot 9.2 \cdot 9.275$। पर हमें मूलाधीन संख्या को तीन समान संख्याओं के गुणनफल के रूप में प्रस्तुत करना है : $785.0 = x \cdot x \cdot x$ (जहां $x = \sqrt[3]{785.0}$)। यह मानना बिल्कुल स्वाभाविक होगा कि इन समान गुणकों में से प्रत्येक को गुणक 9.2, 9.2, 9.275 के समांतरी औसत के बराबर (सन्निकट रूप से) होना चाहिए।

(2) इस प्रकार, द्वितीय सन्निकरण के लिए समांतरी औसत $(9.275 + 9.200 + 9.200) : 3 = 9.225$ ज्ञात करते हैं। कलन संक्षिप्त विधि से संपन्न कर सकते हैं (दे. § 61)।

(3) जाँच के लिए द्वितीय सन्निकरण के फल 9.225 से पहले मूलाधीन संख्या 785.0 में भाग देते हैं, फिर इस भाग के भागफल में (या मूलाधीन संख्या में $9.225^2 \approx 85.09$ से भाग देते हैं)। प्राप्त होता है 9.225 (यदि कलन में एक अतिरिक्त अंक सुरक्षित न रखा जाये, तो 9.224 मिलेगा)।

$\sqrt[3]{785.0} \approx 9.225$ (सभी चार अंक सही हैं)।

टिप्पणी. प्रथम सन्निकरण के पहले मूलाधीन संख्या में दशमलव बिंदु को 3, 6, 9 आदि घर दायें या बायें खिसका लेना भी लाभदायक होता है (दे. टिप्पणी 2, § 59)। अंतिम परिणाम में दशमलव बिंदु को 1, 2, 3 आदि घर उल्टी दिशा में खिसका लेते हैं। मूलाधीन संख्या में बिंदु को जितने घर पार कराते हैं, उनकी संख्या को *तीन से विभाज्य* होना चाहिए।

उदाहरण 2. $\sqrt[3]{1835 \cdot 10}$. मूलाधीन संख्या 18350 में दशमलव बिंदु (जिसे इकाई के स्थान से पहले होना चाहिए) तीन स्थान बायें खिसका कर 18.35 प्राप्त करते हैं। यह संख्या $2^3 = 8$ और $3^3 = 27$ के लगभग बीच में है, अत: प्रथम सन्निकरण के रूप में संख्या 2.5 लेते हैं।

(1) 2.5 से दो बार भाग दें, या 18.35 में 2.5^2 से एक बार भाग दें : $18.35 : 2.5 : 2.5 = 18.35 : 6.25 \approx 2.94$।

जैसा कि देखते हैं, प्रथम सन्निकरण में सिर्फ एक विश्वस्त अंक है, अत: द्वितीय सन्निकरण में सिर्फ दो विश्वस्त अंक मिलने की आशा करनी चाहिए। इसलिए अगले चरण में सभी कलन दो अंकों की शुद्धता से करेंगे।

(2) द्वितीय सन्निकरण के रूप में समांतरी औसत निकालते है : $(2.5 + 2.5 + 2.9) : 3 \approx 2.6$ ।

(3) परिणाम जांचने के लिए 2.6 से दो बार भाग देते हैं :

$$18.35 : 2.6 : 2.6 = 18.35 : 6.76 \approx 2.715.$$

इस सन्निकरण से दो विश्वस्त अंक प्राप्त होते हैं, अत: तीसरे सन्निकरण में चार विश्वस्त अंक प्राप्त होने की संभावना है।

(4) तीसरे सन्निकरण के लिए समांतरी औसत ज्ञात करते हैं :

$$(2.715 + 2.600 + 2.600) : 3 = 2.638 ।$$

परीक्षण से देख सकते हैं कि यहां सभी चार अंक विश्वस्त हैं :

$$\sqrt[3]{1835.10} \approx 26.38.$$

§ 60. औसत मान

यदि किसी राशि के कई मान प्रदत्त हों, तो इनके महत्तम व लघुतम मानों के बीच आने वाले किसी भी मान को औसत(माध्य)कहते हैं। अधिकतम प्रयुक्त औसत मान हैं—*समांतरी औसत मान* (समांतरी औसत) और *गुणोत्तरी औसत मान* (गुणोत्तरी औसत)।

समांतरी औसत प्रदत्त मानों के योगफल में उनकी संख्या से भाग देने पर प्राप्त होता है :

$$\text{s.a.} = \frac{a_1 + a_2 + \ldots\ldots + a_n}{n},$$

जहां $a_1, a_2, \ldots\ldots, a_n$ प्रदत्त मान हैं, n उनकी संख्या है।

उदाहरण. संख्या 83, 87, 81, 90 प्रदत्त हैं;

$$\text{s.a.} = \frac{83 + 87 + 81 + 90}{4} = 85\tfrac{1}{4}$$

गुणोत्तरी औसत प्रदत्त मानों के गुणनफल का उनकी संख्या जितना मूल निकालने से प्राप्त होता है :

$$\text{g.a.} = \sqrt[n]{a_1 a_2 \ldots\ldots a_n},$$

जहां $a_1, a_2, \ldots\ldots, a_n$ प्रदत्त मान हैं; n उनकी संख्या है।

उदाहरण. संख्या 40, 50, 52 प्रदत्त हैं;

$$\text{g.a.} = \sqrt[3]{40 \cdot 50 \cdot 52}$$

$$= \sqrt[3]{164000} \approx 54.74$$

गुणोत्तरी औसत समांतरी औसत से हमेशा छोटा होता है; अपवाद सिर्फ एक

स्थिति है—जब सारी प्रदत्त संख्याएं समान होती हैं। इस स्थिति में दोनों औसत मान बराबर होते हैं। जब प्रदत्त संख्याओं में अन्तर अल्पांश होता है, तब **s.a.** और **g.a.** का भी अन्तर अल्पांश ही होता है।

s. a. का सभी व्यावहारिक क्षेत्रों में बहुत बड़ा महत्त्व है।

उदाहरण 1. दो बिंदुओं की आपसी दूरी दस मीटर लंबे फीते से नापी जा रही है, जिस पर अंश सेंटीमीटरों में अंकित हैं। 10 नापें ली गयीं। परिणाम हैं (मीटर में): 62.36, 62.30, 62.32, 62.31, 62.36, 62.35, 62.33, 62.32, 62.38, 62.37। नापों में अंतर का कारण नाप की आकस्मिक त्रुटियां हैं। इस स्थिति में समांतरी औसत मान ज्ञात करते हैं:

$$\text{s. a.} = (62.36+62.30+62.32+62.31+62.36+62.35+62.33+62.32+62.38+62.37) : 10 = 62.34.$$

यह संख्या नापी जाने वाली दूरी का अधिक विश्वस्त मान देती है, बनिस्बत नाप से प्राप्त संख्याएं। कारण कि औसत निकालने की प्रक्रिया में नाप की आकस्मिक त्रुटियां लगभग हमेशा एक-दूसरी का निराकरण कर देती है (दे. नीचे, § 61)।

उदाहरण 2. एक हजार वयस्क आदमियों का कद नापा गया। **s. a.** ज्ञात किया गया। यह तथाकथित "औसत कद" है। यह किसी व्यक्ति-विशेष के कद को नहीं व्यक्त करता। पर यदि बहुत बड़ी संख्या में किन्हीं दूसरे आदमियों का कद नाप कर s. a. निकाला जाये, तो उसका मान लगभग पहले जैसा ही मिलेगा। स्पष्टतः सैद्धांतिक तौर पर ऐसी स्थिति भी संभव है, जब सभी 1000 आदमी बौने हों, या बहुत ऊँचे कद के हों। पर सभी संभव स्थितियों के बीच इन विशेष स्थितियों का प्रतिशत अंश, जैसा कि कलन दिखाते हैं, नगण्य है। इसलिए व्यवहारतः हमेशा मान सकते हैं कि 1000 व्यक्तियों के किसी भी समूह में औसत कद लगभग स्थिर रहेगा; इस तरह के अनुमान में कोई गलती नहीं होगी। बहुल (बहुसंख्य) मापों का समांतरी औसत **सांख्यिकीय औसत** (या सिर्फ औसत) कहलाता है। सांख्यिकीय औसत मानों का व्यावहारिक महत्त्व बहुत ज्यादा है। उदाहरणार्थ, यदि नियत पोषण-परिस्थितियों में किसी खास जाति की गाय का औसत दोहन ज्ञात हो, तो औसत दोहन में गायों की कुल संख्या से गुणा करके पूरे झुंड के दोहन से प्राप्त दूध की मात्रा बतायी जा सकती है।

§ 61. समांतरी औसत का संक्षिप्त कलन

समांतरी औसत निकालने के लिए ली गयी संख्याएं अक्सर आपस में बहुत

कम का अंतर रखती हैं। ऐसी स्थितियों में निम्न विधि के प्रयोग से s. a. का कलन काफी सरल किया जा सकता है।

(1) कोई मनचाही संख्या चुन लेते हैं, जो दी गई संख्याओं के निकट हो। यदि प्रदत्त संख्याएं सिर्फ आखिरी अंक में एक-दूसरी से इतर हैं, तो चुनी हुई संख्या ऐसी होनी चाहिए, जिसका अंतिम अंक शून्य हो; यदि प्रदत्त संख्याएं अंतिम दो अंकों में एक-दूसरी से इतर हैं; तो अन्त में दो शून्य वाली संख्या चुनना सुविधाजनक होता है, इत्यादि।

(2) चुनी हुई संख्या को बारी-बारी से सभी प्रदत्त संख्याओं में से घटा देते हैं।*

(3) प्राप्त अंतरों का s. a. ज्ञात करते हैं।

(4) s. a. को चुनी हुई संख्या में जोड़ देते हैं।

उदाहरण. दस संख्याओं का s. a. निकालें :

62·36, 62·30, 62·32, 62·31, 62·36, 62·35, 62·33, 62·32, 62·38, 62·37 (तुलना करें § 60 के उदाहरण से)।

(1) संख्या 62·30 चुन लेते हैं।

(2) 62·30 को प्रदत्त संख्याओं में से घटाते हैं, अंतर प्राप्त करते हैं (शतांशों में) :

6, 0, 2, 1, 6, 5, 3, 2, 8, 7।

(3) अंतरों का s. a. निकालते हैं; प्राप्त होता है 4 (शतांश)।

(4) 0.04 को 62·30 में जोड़ देते हैं; 62·34 ही इष्ट s. a. है।

§ 62. समांतरी औसत की परिशुद्धता

यदि s. a. माप के अपेक्षाकृत कम प्रदत्त मानों से कलित किया जाता है (जैसे § 45 के उदाहरण 1 में सिर्फ दस मानों से), तो वास्तविक औसत कलित औसत से कुछ इतर होता है। तब यह जानना बहुत महत्वपूर्ण होता है कि दोनों में कितना अन्तर है। यहां सैद्धांतिक तौर पर कल्पनागत अन्तर की बात नहीं

---

* इससे धन और ऋण दोनों तरह की संख्याएं प्राप्त हो सकती हैं (ऋण संख्याओं के बारे में देखें § 68)। ऐसा न हो, इसलिए प्रदत्त संख्याओं में से अल्पतम संख्या ही चुनते हैं। पर कलन अधिक सरल होगा, यदि हम प्रदत्त संख्याओं में से कोई बीच की संख्या चुनेंगे।

चल रही है (यह मनचाहे रूप से बड़ा हो सकता है); हमें ऐसा अन्तर चाहिए, जो व्यावहारिक तौर पर संभव हो (तुलना करें § 60 के उदाहरण 2 से)। यह अन्तर *औसत वर्गी विचलन* द्वारा निर्धारित होता है।

औसत वर्गी विचलन प्रदत्त संख्याओं और उनके s. a. के अन्तरों के वर्गों के समांतरी औसत का वर्गमूल है। औसत वर्गी विचलन को ग्रीक अक्षर σ (सिग्मा) से द्योतित करते हैं :

$$\sigma = \sqrt{\frac{(a_1 - a)^2 + (a_2 - a)^2 + \ldots\ldots + (a_n - a)^2}{n}}, \quad \cdots (A)$$

जहां $a = (a_1 + a_2 + \ldots + a_n) : n$; σ = औसत वर्गी विचलन ($a_1, a_2, \ldots, a_n$ प्रदत्त सांख्यिक मान हैं, n उनकी संख्या है और a उनका समांतरी औसत है)।

टिप्पणी. सूत्र (A) में किसी भी अन्तर को उसके विपरीत मान से विस्थापित कर सकते हैं; इससे कलन में ऋण संख्याओं का आविर्भाव रोका जा सकता है (ऋण संख्याओं के बारे में देखें § 68)। इसका मतलब है कि यदि कोई प्रदत्त संख्या s. a. से छोटी होती है, तो उसे s. a. में से घटाते हैं (न कि उसमें से s. a. घटाते हैं)।

उदाहरण. पिछले अनुच्छेद में प्रदत्त संख्याओं का औसत वर्गी विचलन ज्ञात करें। वहां हमने इन संख्याओं का s. a. = 62.34 कलित किया था। 62.36, 62.30, आदि संख्याओं का उनके s. a. से अंतर ज्ञात करते हैं (शतांशों में) : 2, 4, 2, 3, 2, 1, 1, 2, 4, 3। इन अंतरों का वर्ग लेने पर 4, 16, 4, 9, 4, 1, 1, 4, 16, 9 संख्याएं प्राप्त होती हैं। अंतरों के वर्गों का समांतरी औसत है :

$$\frac{4+16+4+9+4+1+1+4+16+9}{10} = 6.8 \text{ (शतांशों में)}$$

इस संख्या का वर्गमूल $\sqrt{6.8} \simeq 3$ (शतांशों में); अतः σ = 0.03।

यदि नापों की संख्या 10 के लगभग है, तो नापी गयी राशि के वास्तविक मान और औसत मापित मान में अंतर औसत वर्गी विचलन σ से अधिक नहीं हो सकता। यदि और सही कहें, तो σ से अधिक बड़े विचलन सिर्फ अपवादजनक स्थितियों में संभव हैं, जिनकी संख्या कुल संभव स्थितियों की तुलना में सिर्फ आधा प्रतिशत के करीब है। ऊपर के उदाहरण में वास्तविक मान और संख्या 62.34 का अंतर वस्तुतः 0.03 से अधिक नहीं हो सकता। अतः वास्तविक मान 62.34 − 0.03 = 62.31 और 62.34 + 0.03 = 62.37 के बीच ही होगा।

यदि 10 से अधिक बार नाप ली गयी है; तो वास्तविक मान का समांतरी औसत मान के गिर्द महत्तम व्यावहारिकतः संभव विचलन σ से कम ही होगा; वह $\frac{3\sigma}{\sqrt{n}}$ से अधिक नहीं होगा (n—नापों की संख्या)। यथा, यदि नापों की संख्या 1000 के करीब हो, तो व्यवहारतः सिर्फ ऐसे विचलन संभव हैं, जो 0.1 σ से अधिक नहीं होंगे।

§ 63. व्यतिमान और अनुपात

एक संख्या को दूसरी से विभाजित करने से प्राप्त भागफल इन संख्याओं का **व्यतिमान** (पारस्परिक मान) कहलाता है। व्यतिमान की आवश्यकता तब पड़ती थी, जब एक राशि को उसके साथ समज दूसरी राशि (अर्थात् उसी जैसी दूसरी राशि) के अंशों में व्यक्त करना पड़ता था। उदाहरणतया, एक लंबाई को दूसरी लंबाई के अंशों में या एक क्षेत्रफल को दूसरे क्षेत्रफल के अंशों में व्यक्त करने के लिए भाग की संक्रिया संपन्न करनी पड़ती थी (दे: § 39)। भागफल का कुछ दूसरा अर्थ है; यह किसी राशि को किसी संख्या जितने भागों में बाँटने पर प्रत्येक भाग में आयी हुई राशि है। अब इस तरह का भेद नहीं करते; विषमज राशियों के व्यतिमान भी प्रयुक्त होते हैं, जैसे किसी पिंड के भार और आयतन का व्यतिमान। जब समज राशियों के व्यतिमान की बात चलती है, तो अक्सर उसे प्रतिशत अंशों में व्यक्त करते हैं। [इस प्रकार, व्यतिमान व भागफल दो (समज या विषमज) राशियों का सापेक्षिक भाव या दर दिखाते हैं।]

उदाहरण. पुस्तकालय में 10000 पुस्तकें हैं; उनमें से 8000 रूसी भाषा में हैं; कुल पुस्तकों की तुलना में रूसी किताबों का व्यतिमान ज्ञात करें। 8000 : 10000 = 0.8। अतः इष्ट व्यतिमान 0.8 या $\frac{0.8 \times 100}{100} = 80$ प्रतिशत।

भाज्य को **पूर्वपद** (तुलनीय संख्या) और भाजक को **परपद** (आधार संख्या) कहते हैं। हमारे उदाहरण में 8000 पूर्वपद है और 10000 परपद।

दो बराबर व्यतिमान मिल कर **अनुपात** *बनाते हैं।* यथा, यदि एक पुस्तकालय की 10000 पुस्तकों में से 8000 पुस्तकें रूसी भाषा में हैं और दूसरे पुस्तकालय की कुल 12000 पुस्तकों में से 9600 पुस्तकें रूसी भाषा में हैं, तो रूसी में पुस्तकों की संख्या और कुल पुस्तकों की संख्या का व्यतिमान दोनों ही पुस्तकालयों में समान होगा, अर्थात् 8000 : 10000 = 0.8 और 9600 : 12000 = 0.8। यहां हमें एक अनुपात मिलता है, जिसे निम्न विधि से

लिखते हैं :—8000 : 10000 = 9600 : 12000। कहते हैं कि "8000 (के) प्रति 10000 वैसा ही है, जैसा 9600 (के) प्रति 12000"। 8000 व 12000 **अनुपात का अंत्य पद** कहलाते हैं; 10000 व 9600 उसका **मध्य पद** कहलाते हैं।

अंत्य पदों का गुणनफल मध्य पदों के गुणनफल के बराबर होता है। हमारे उदाहरण में 8000·12000 = 96000000; 10000·9600 = 96000000। दोनों में से कोई एक अंत्य पद दोनों मध्य पदों के गुणनफल में दूसरे अंत्य पद से भाग देने पर मिलता है। ठीक इसी प्रकार, कोई एक मध्य पद दोनों अंत्य पदों के गुणनफल में दूसरे मध्य पद से भाग देने पर प्राप्त होता है। अर्थात् यदि

$$a : b = c : d,$$

तो

$$a = \frac{bc}{d},\ b = \frac{ad}{c}\ \text{आदि।}$$

हमारे उदाहरण में

$$8000 = \frac{10000 \cdot 9600}{12000}$$

इस गुण का उपयोग अनुपात के अज्ञात पद का कलन करने में होता है, जब बाकी तीन पद ज्ञात होते हैं। [अनुपात के एक पद को अन्य तीन की सहायता से व्यक्त करने की विधि **त्रैराशिक नियम** कहलाती है।]

उदाहरण. $12 : x = 6 : 5$ (x से अज्ञात संख्या को द्योतित करते हैं)।

$$x = \frac{12 \cdot 5}{6} = 10.$$

अनुपात के व्यावहारिक उपयोग देखें § 65 में।

जिस अनुपात में मध्य पद समान (बराबर) होते हैं, उस अनुपात को **सतत अनुपात** कहते हैं; उदाहरणार्थ, 18 : 6 = 6 : 2। सतत अनुपात का मध्य पद अंत्य पदों के गुणोत्तरी औसत (दे. § 60) के बराबर होता है; हमारे उदाहरण में

$$6 = \sqrt{18 \cdot 2}$$

§ 64. अनुपातन

दो राशियों के मान परस्पर आश्रित रह सकते हैं। यथा, वर्ग का क्षेत्रफल उसकी भुजा की लंबाई पर निर्भर करता है, और इसका उल्टा, वर्ग की भुजा

की लंबाई उसके क्षेत्रफल पर निर्भर करती है।

दो परस्पर आश्रित राशियों को **समानुपाती** *कहते हैं, जब उनके मानों के व्यतिमान सदा स्थिर होते हैं।*

उदाहरण. किरासन का भार उसके आयतन के साथ समानुपाती है; 2 l किरासन का भार 1.6 kg है, 5 l का 4 kg और 7 l का 5.6 kg है। भार और आयतन का व्यतिमान होगा $\frac{1.6}{2}=0.8$; $\frac{4}{5}=0.8$; $\frac{5.6}{7}=0.8$ आदि।

समानुपाती राशियों के इस स्थिर व्यतिमान को **अनुपातन का गुणांक** *कहते हैं।* अनुपातन-गुणांक यह दिखाता है कि एक राशि की कितनी इकाइयां दूसरी राशि की एक इकाई पर (या में) आती हैं; हमारे उदाहरण में—कितने किलोग्राम भार 1 l में मिलता है यह किरासन का विशिष्ट भार हुआ। [अनुपातन-गुणांक को **अनुपातन-दर** भी कह सकते हैं।]

जब दो राशियां समानुपाती होती हैं, तब एक के कोई दो मान दूसरी के उसी क्रम में लिये गये दो तदनुरूप मानों के साथ अनुपात बनाते हैं। हमारे उदाहरण में 1.6 : 4 = 2 : 5; 1.6 : 5.6 = 2 : 7 आदि। इस तथ्य के अनुरूप अनुपातन की एक और परिभाषा (उपरोक्त के अतिरिक्त) दी जा सकती है: *यदि दो राशियां परस्पर इस प्रकार से आश्रित हों कि एक में वृद्धि के साथ-साथ दूसरी में भी उतने ही गुना वृद्धि होती हो, तो वे समानुपाती राशियां कहलाती हैं।*

परस्पर आश्रित दो राशियों में से एक के बढ़ने पर यदि दूसरी राशि उतने ही गुना घट जाती है, तो इन राशियों को **व्युतक्रमानुपाती** *कहते हैं।* उदाहरणार्थ, दो स्टेशनों के बीच की दूरी तय करने का समय गाड़ी के वेग के साथ व्युतक्रमानुपाती होता है। 50 km/h वेग होने पर मास्को-लेनिनग्राद की दूरी 13 h में तय होती है; 65 km/h वेग होने पर 10 h में। अर्थात् जब वेग व्यतिमान $\frac{65}{50}=\frac{13}{10}$ से बढ़ता है, समय उसी व्यतिमान $\frac{13}{10}$ से घटता है।

जब दो राशियां व्युतक्रमानुपाती होती है, तो एक राशि के कोई दो मान दूसरी के विपरीत क्रम में लिये गये दो तदनुरूप मानों के साथ अनुपात बनाते हैं। हमारे उदाहरण में 65 : 50 = 13 : 10।

दो व्युतक्रमानुपाती राशियों के मानों का गुणनफल सदा स्थिर रहता है। हमारे उदाहरण में 50·13 = 650; 65·10 = 650 (650 km मास्को और लेनिनग्राद के बीच की दूरी है)।

§ 65. अनुपातों के व्यावहारिक उपयोग. अंतर्वेशन

अनेक प्रश्नों के हल समानुपाती (या व्युतक्रमानुपाती) राशियों के साथ

संबंधित होते हैं; § 63 का नियम लागू कर ऐसे प्रश्नों को हम एक स्थिर आरेख के अनुसार यंत्रवत हल कर सकते हैं, जैसा कि निम्न उदाहरणों में दिखाया गया है।

उदाहरण 1. कारखाने में ईंधन की दैनिक मांग 1.8 टन है और ईंधन पर वार्षिक व्यय 3000 रूवल है। कारखाने में नवीन प्रयुक्तियों के कारण ईंधन की दैनिक मांग घट कर 1.5 टन हो गयी। कितनी धनराशि ईंधन पर प्रतिवर्ष खर्च होगी ?

एक सहज-साधारण हल इस प्रकार से संभव है। ज्ञात करते हैं: (1) पुरानी परिस्थितियों में ईंधन की वार्षिक मांग $1.8 \cdot 365 = 657$ टन; (2) 1 टन ईंधन की कीमत $3000 : 657 = 4.57$ रूबल; (3) नयी परिस्थितियों में ईंधन पर वार्षिक मांग $4.57 \cdot 1.5 \cdot 365 = 2500$ रूबल।

हल और भी सरलता और शीघ्रता से किया जा सकता है, यदि इस बात पर ध्यान दिया जाये कि ईंधन की दैनिक मांग और ईंधन पर वार्षिक व्यय परस्पर समानुपाती राशियां हैं (यह स्पष्ट है, क्योंकि ईंधन की दैनिक मांग बढ़ने पर वार्षिक व्यय में भी उतनी ही गुनी वृद्धि होती है; दे. § 64)।

हल का आरेख

1.8 टन—3000 रूबल;

1.5 टन—x रूबल;

$$x : 3000 = 1.5 : 1.8$$

$$x = \frac{3000 \cdot 1.5}{1.8} = 2500 \text{ रूबल}।$$

[तुलना करें **ऐकिक नियम** के आरेख से :

$\because$ 1.8 टन/दिन की मांग से वार्षिक व्यय $= 3000$ रूबल

$\therefore$ 1 ,, ,, ,, ,, $= \frac{3000}{1.8}$ रूबल

$\therefore$ 1.5 ,, ,, ,, ,, $= \frac{3000 \cdot 1.5}{1.8}$

$= 2500$ रूबल]

यद्यपि समानुपातिक निर्भरता बहुत ज्यादा मिलती हैं, फिर भी अनेक निर्भरताएं ऐसी हैं, जो अनुपातन के नियमों का पालन नहीं करतीं। पर महत्त्वपूर्ण बात यह है कि ऐसी राशियों के लिए भी अनुपाती कलन का आरेख निरर्थक नहीं होता। उदाहरणतया, यदि दो अनानुपातिक राशियों के परिवर्तनों की तुलना किसी *संकीर्ण* परास (या अंतराल) में की जाये, तो ये परिवर्तन **व्यावहारिकत**: अनुपाती (समानुपाती या व्युतक्रमानुपाती) होंगे।

इसे एक उदाहरण द्वारा समझते हैं। वर्ग की भुजा और उसका क्षेत्रफल अनुपाती नहीं हैं: भुजा **2 m** होने पर क्षेत्रफल **4 m**^{2} होता है; भुजा **2.01 m**

होने पर क्षेत्रफल $(2.01)^2 = 4.0401 \approx 4.040$ m²; भुजा 2.02 m होने पर क्षेत्रफल $(2.02)^2 = 4.0804 \approx 4.080$ m² आदि। भुजाओं का व्यतिमान (यथा, 2.01 : 1), जैसा कि हम देखते हैं, तदनुरूप क्षेत्रफलों के व्यतिमान (4.040 : 1) के बराबर नहीं होता है। पर विचाराधीन परास में भुजा के *परिवर्तनों* का व्यतिमान व्यावहारिकतः क्षेत्रफल के *परिवर्तनों* के व्यतिमान के बराबर है।

सचमुच में, जब भुजा 2 m से 2.01 m तक बढ़ती है, परिवर्तन सिर्फ 0.01 m के बराबर होता है; जब वह 2 m से 2.02 m तक बढ़ती है, परिवर्तन 0.02 m होता है। परिवर्तनों का व्यतिमान 0.02 : 0.01 = 2 है। क्षेत्रफल में तदनुरूप परिवर्तन (तीसरे अंक तक की शुद्धता से) होंगे : प्रथम स्थिति में 0.040; दूसरी स्थिति में 0.080। परिवर्तनों का अनुपात 0.080 : 0.040 भी 2 के बराबर है। इस प्रकार, लंबाई का परिवर्तन क्षेत्रफल के परिवर्तन का समानुपाती है—यदि क्षेत्रफल के परिवर्तन को तीसरे दशमलव अंक तक की शुद्धता से लिया जाये। यदि दशमलव के बाद चौथा अंक भी लिया जाये, तो अनुपातन से थोड़ा-सा विचलन नजर आयेगा। चौथे दशमलव अंक में भी विचलन नहीं हो, इसके लिए परिवर्तनों को और भी छोटे परास में लेना पड़ेगा (जैसे 1 m से 1.02 m तक के परास की बजाय 1 m से 1.002 m तक के परास में)। व्यवहार में हमें दशमलव के बाद नियत संख्या में ही अंकों की जरूरत पड़ती है (तीन, चार, और पाँच की बहुत ही कम)। इसीलिए हम वर्ग की भुजा और उसके क्षेत्रफल के अल्प परिवर्तनों को समानुपाती राशियां मान सकते हैं। ऐसी ही संवृत्ति अनेकानेक अन्य परिस्थितियों में भी उत्पन्न होती है। इसी की सहायता से हम अपेक्षाकृत कम आंकड़ों वाली सारणी में ऐसे परिणाम भी देख लेते हैं, जो सारणी में बिल्कुल नहीं होते हैं।

उदाहरण 2. वर्गमूलों की सारणी देखें (सारणी 2, पृ. 18)। मान लें कि हमें $\sqrt{63.2}$ ज्ञात करना है, सारणी में संख्या 63.2 नहीं है, पर 63, 64, 65 आदि संख्याएं हैं।

मूलाधीन संख्या	वर्गमूल	वर्गमूलों का परिवर्तन
63	7.937	0.063
64	8.000	0.062
65	8.062	

कलन करें (दे. तीसरा स्तंभ) कि मूलाधीन संख्या में 1 का परिवर्तन (63 से 64 और 64 से 65) होने पर वर्गमूल में कितना परिवर्तन होता है। पता चलता है कि ये परिवर्तन सिर्फ तीसरे अंक में इकाई द्वारा परस्पर इतर हैं। असल में वे एक-दूसरे के और भी निकट हैं : वे चौथे अंक में परस्पर इतर हैं, पर सन्निकरण के कारण तीसरे अंक में ही भिन्नता रखने लगे हैं।)

यदि सिर्फ तीन अंक लिये जाएं, तो ये सारे परिवर्तन लगभग बराबर नजर आयेंगे, अर्थात् 63 और 65 की सीमाओं में तीन दशमलव अंक की शुद्धता से लिये गये वर्गमूलों का अंतर मूलाधीन संख्या के परिवर्तन के साथ समानुपाती है। इसलिए $\sqrt{63.2}$ ज्ञात करने के लिए निम्न क्रमारेख का अनुसरण करते हैं :

मूलाधीन संख्या में परिवर्तन	वर्गमूल में परिवर्तन
1	0.062
0.2	x

$$x : 0.62 = 0.2 : 1$$

$$x = \frac{0.062 \cdot 0.2}{1} = 0.012$$

अब $\sqrt{63.2}$ प्राप्त करते हैं : $\sqrt{63} \approx 7.937$ में कलित संख्या 0.012 जोड़ने पर

$$\sqrt{63.2} \approx 7.949.$$

यदि यह वर्गमूल तीसरे दशमलव अंक तक की शुद्धता से निकालेंगे, तो देखेंगे कि ऊपर प्राप्त परिणाम में सभी अंक सही हैं।

कलन की ऊपर दी गयी विधि को अंतर्वेशन (=बीच में रखना) कहते हैं। गणित में सभी ऐसी विधियां **अंतर्वेशन** कहलाती हैं, जिनकी सहायता से सांख्यिक आंकड़ों की सारणी में से बीच के कुछ अनुपस्थित आंकड़े ज्ञात किये जा सकते हैं। अंतर्वेशन की उपरोक्त सरलतम विधि **रैखिक अंतर्वेशन** कहलाती है।

अंतर्वेशन के उपयोग का लगभग हर प्रकार की सारणियों के परीक्षण में विस्तृत प्रचलन है।